中公新書 2696

中村隆文著

物語　スコットランドの歴史

イギリスのなかにある「誇り高き国」

中央公論新社刊

はじめに

「イギリス」という国について聞いたことがないという人はいないだろう。世界史で学ぶ近代市民革命や議会制民主主義発祥の国、世界中に植民地をもっていた大英帝国の栄華や、世界でいち早く産業革命を成し遂げた先進国、あるいは、紅茶をすする優雅な英国紳士というイメージをもつ人もいるかもしれない。しかし、そうしたなか、イギリスのなかにある「スコットランド（Scotland）」という国について知っている人はどれくらいいるだろうか。

そもそも、スコットランドとは「ネイション」であり、それはイギリスという国のなかにある「別の国」といってよい。一七〇七年より前はスコットランドとイングランドは政治的・法的にも別の国であったし、同じ国王と議会をいだく同じ国となった後の一八七二年でさえも、Nation Football Match、いわゆる国際試合として両国はフットボール（イギリスではサッカーではなくフットボール！）で対戦している。それからしばらく遅れ、一九〇四年に結成されたF

IFA（国際サッカー連盟）の加盟国は当初はベルギー、デンマーク、フランス、オランダ、スペイン、スウェーデン、スイスしかなかったが、一九〇五年にイングランドが加入するなど、次第に国際的な組織へと広がっていった。現代でもラグビーやフットボールの試合で、イギリス国内で暮らす人々が「ウェールズ」「スコットランド」「イングランド」などに分かれて戦うこともある。

イギリスは通称「UK」と呼ばれることからもわかるように、その実態は連合王国である。正式には United Kingdom of Great Britain and Northern Ireland であるが、この国号の最後の北アイルランドがアイルランド島の北部であることは誰もがわかるであろう。では、「グレートブリテン」とはなんのことかといえば、これはブリテン島における二つの国であるスコットランドとイングランドが一つの国王のもとに統合された国家を意味するものである。一六〇四年、スコットランド王ジェイムズ六世を兼ねるイングランド王ジェイムズ一世が「グレートブリテンの王」を自称し、一七〇七年、アン女王の統治下において両国は同一君主および同一議会を有する一国家となった。

日本の中学・高校の世界史の授業では、このあたりは簡単に説明されがちであるが、イギリス史を理解するうえでは重要なポイントである。というのも、スコットランド王であったジェイムズ六世が、かの有名なイングランド女王エリザベス一世の後釜《あとがま》に座ったということは歴史的にみても大事件だからである。大英帝国としてのイギリスは後にさまざまな植民地を世界中にもつに至るが、そこにはグレートブリテン島（イギリス本島）の政治勢力や民族が一つになった「大いなるブリタニア」というものがそのベースとなっているのである。

イギリス史にあまり詳しくない人であれば、「スコットランドの王様がイングランドの王座につくことができるなんて、スコットランドはイングランドと仲良しなんだなあ」と思うかもしれないが、歴史的にみて両者は「油断ならない隣人」として互いに互いを警戒していたし、上記ジェイムズ六世（ジェイムズ一世）の母親であるスコットランド女王メアリ・スチュアートは、イングランド女王エリザベス一世によって処刑されている。

一七〇七年に合同法のもとで同一君主・同一議会体制として成立したグレートブリテン王国は、一八〇一年には「グレートブリテンおよびアイルランド連合王国」となり、そして一九二七年には、北アイルランドを含む現在のＵＫ（United Kingdom：以下「イギリス」）となった。ただし、アイルランド側からすれば、正式に現在のイギリスが確定したのは、アイルランドが国民投票によって北アイルランドの領有権を放棄した一九九八年という見方もできるかもしれない。我々が、一言で「イギリス」と呼ぶ国では、その領土・領民・統治者が目まぐるしく変わっており、「日本と同じように、島国で、王家みたいなのがあるんだよね」で片づけることができないほどの歴史をもつ国といってよいだろう。

本書はそうしたイギリスを形成する「スコットランド」にスポットをあてるものである。実は、西洋史においてスコットランドは「イギリスの辺境」だけで済ますことができないほどの影響力をもち、それは近代思想などの学術や、産業の発展にも大きく貢献したのであるが、正直、日本ではそのことがあまり知られていないと感じることが多い。経済学の父と呼ばれるアダム・スミスも——一七〇七年の合同成立以降の生まれなので仕方ないにしても——イギリス人ではあるがそれ以前に「スコットランド人」であった。日本のデパートの閉店時に流れる『蛍の光』も、もともとはスコットランドの詩人ロバート・バーンズがスコットランド民謡に歌詞をつけたものであった。電力の大きさを示す「ワット」が、改良した蒸気機関の実用化を成し遂げたジェイムズ・ワットの名前に由来することを知っている人でも、彼がスコットランド生まれでスコットランドで教育を受けたことまで知っている人はそこまで多くないだろう。

ほかにも、医師であり作家でもあるコナン・ドイル、実用的電話の発明で知られるアレグザンダー・グラハム・ベルなどの偉人を抱えるスコットランドは、スコッチウイスキーとゴルフの発祥の地であり、かつて上記ジェイムズ一世はかの徳川家康《とくがわいえやす》と書簡のやりとりをし、幕末の際には来日したトーマス・ブレーク・グラバー主導のもと、日本でも蒸気機関車の試走や、近代式ドックの建設、炭鉱開発などが行われた。ジャパニーズウイスキーの産みの親である竹鶴《たけつる》正孝《まさたか》がその作り方を学びにスコットランドに留学した話など、我々の身近にある文化とスコットランドとのかかわりについては枚挙《まいきょ》にいとまがない。

このように、極東の日本にまでその影響が及んでいるスコットランドの学術や文化であるが、そうしたユニークな文化や思想がどのようにして育まれたのかについて、その王国成立から近代にいたるまでの歴史に言及しつつ本書は論じる。そして、その歴史のプロセスにおいて成立したアイデンティティが今なお健在であり、そこで暮らす人々をブリティッシュ以前に「スコティッシュ」たらしめていることが明らかになるとき、文化的多様性とは決して「グローバルなもの」「外側にあるもの」というわけではなく、一つの国のなか、お隣《となり》の人においてさえみいだすことができるような、普段は気付かれにくいがすぐ傍《かたわら》にあるものであることがわかるであろう。

スコットランド基本情報

イギリスの地図でスコットランドをみてみると、それはブリテン島北部にあり、イギリス全体の三分の一ほどの面積を占めている（約七・八万平方キロメートル）。しかし、人口は約五三〇万人程度であり、これはイギリス全体の八・四パーセントほどである。この面積と人口はおよそ日本の北海道と同じである。他にも、「アイルズ（isles）」と呼ばれる八〇〇近い島々があり、無人島も多いが、人が暮らしているところもある。スコットランド西部の本土寄りの島嶼《とうしょ》部はインナーヘブリディーズ、その外側はアウターヘブリディーズと呼ばれており、美しい島々が点在し、風光明媚《ふうこうめいび》な景観を楽しみに訪れる観光客も多い。

北海道との関連でいえば、スコットランドは総じて北海道よりも緯度が高い（つまり北にある）。スコットランドの首都エディンバラは北緯五五度、西経三度であるが、札幌は北緯四三度・東経一四一度である（日本最北端の稚内《わっかない》でさえ北緯四五度である）。スコットランド最北端のアウトスタック（最北シェットランド諸島の一つで無人島）は北緯六〇度、西経一度であり、これを踏まえると、スコットランドは相当に「北の国」であることがわかるだろう。

しかし、意外なことに、気温は北海道よりも温暖なくらいである。もちろん、基本的には「冷涼」であるのだが、暖流であるメキシコ湾流がアイルランド島からスコットランドにかけて流れているため、冬でもそこまで寒くはない（マイナス一〇度を下回ることはない）。著者がかつて一二月に訪れたことがあるオークニー諸島のメインランド島やシャピンゼイ島は北緯五九度であったが、夜の最低気温はせいぜいマイナス三度くらいであった（昼はプラス一度くらいなので、決して温暖ではないのだが）。暖流のおかげで北緯ほどに寒くはないが湿度が高く、冬の方が降水量が多い。

さて、スコットランド本土の地理は大きく「ハイランド」と「ローランド」とに分けられる。具体的には、スコットランド南西部ダンバートンから中東部ストーンヘイヴンを結んだ地図上で斜《なな》めのラインを基準とし、ラインの南部もしくは東部のエリアをローランド、ラインの西部もしくは北部をハイランドと呼ぶ。ハイランドは独自のケルト文化や自治（氏族制度：クラン制）が一八世紀半ばまで残っていたといわれるエリアである。

スコットランド、とりわけハイランドといった北部地域は冷涼かつ多湿であり、岩山や泥炭

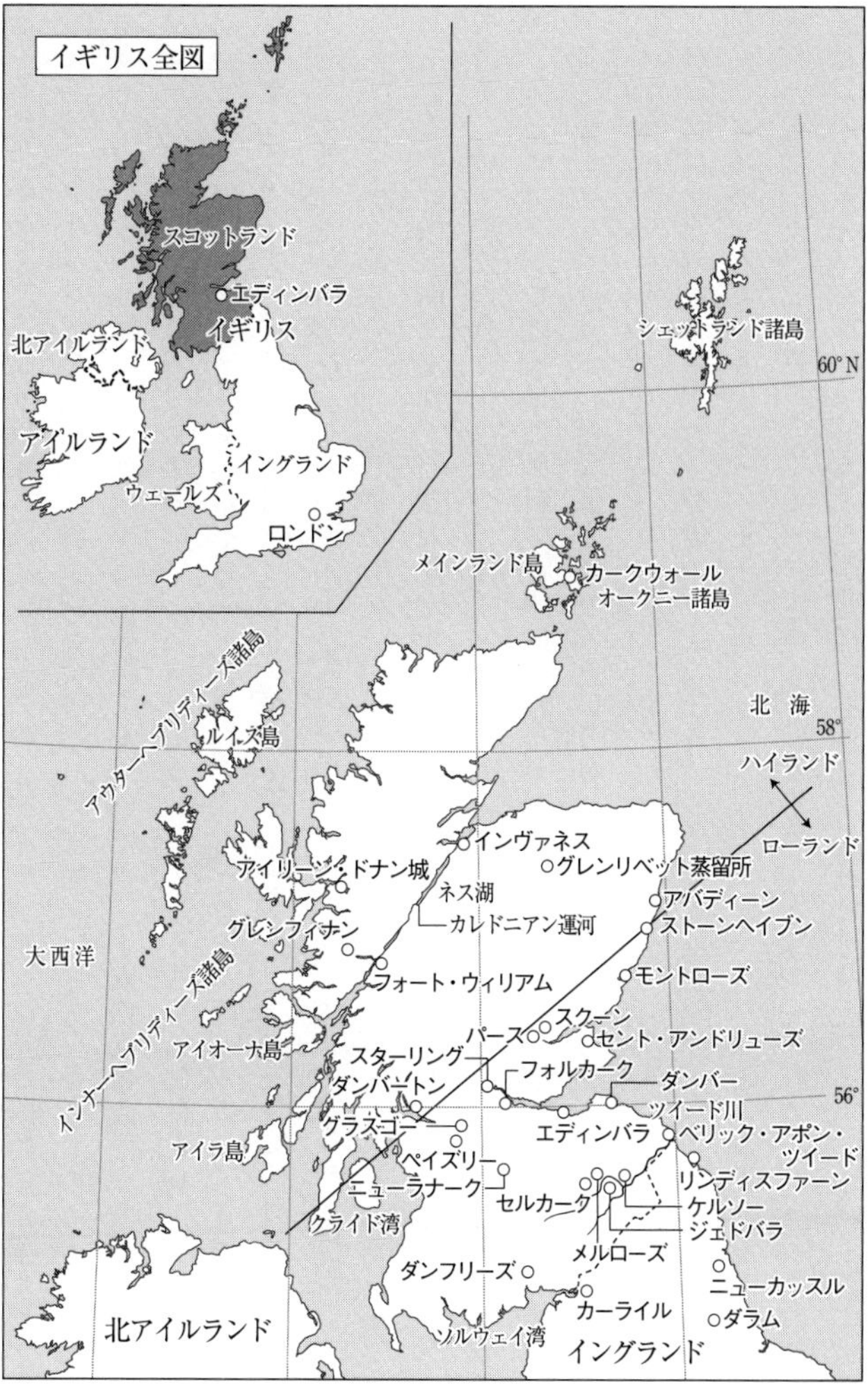
イギリス全図
スコットランド
エディンバラ
イギリス
北アイルランド
アイルランド
イングランド
ウェールズ
ロンドン
シェットランド諸島
60° N
メインランド島
カークウォール
オークニー諸島
アウターヘブリディーズ諸島
ルイス島
北　海
58°
ハイランド
ローランド
インヴァネス
グレンリベット蒸留所
アイリーン・ドナン城
ネス湖
カレドニアン運河
アバディーン
ストーンヘイブン
グレンフィナン
大西洋
フォート・ウィリアム
モントローズ
インナーヘブリディーズ諸島
スクーン
パース
セント・アンドリューズ
アイオーナ島
スターリング
フォルカーク
ダンバー
ダンバートン
56°
ツイード川
グラスゴー
エディンバラ
ベリック・アポン・ツイード
アイラ島
ペイズリー
リンディスファーン
ニューラナーク
セルカーク
ケルソー
クライド湾
ジェドバラ
メルローズ
ダンフリーズ
ニューカッスル
カーライル
ダラム
北アイルランド
ソルウェイ湾
イングランド

スコットランド略地図

層、湿地帯が多く、あまり農業に向かず、そこは牛や羊の放牧、漁業や織物業が盛んだった地域である。ローランドの東部地域は気候もそれなりに農業に向いてはいるものの、総じて、スコットランドという国は、他地域ほどに温暖でもないため、小麦の大量収穫がなかなかできず、ワインの原材料たるブドウも実らない。スコットランドのなかでも比較的乾燥していて農業に向いている東部・南部では大麦が主食であったが（冷涼で湿度が低いところで育つので）、冷涼多湿なスコットランド西部・北部ではオーツ麦が食されていた（冷涼と湿度に強い）。そうした大麦・オーツ麦を使ったポリッジ（オーツ麦のおかゆ）、ハギス（オーツ麦と羊の内臓のミンチに香辛料を混ぜて羊の胃袋につめてゆでたもの）などはスコットランドの食文化としていまなお残っている。近代以前は主食である大麦やオーツ麦を使って、お菓子やお酒をつくっていたそうである。オーツ麦の食文化はかつてはイングランド人から「スコットランドでは人間が食べるが、イングランドでは家畜の飼料」と揶揄《やゆ》されがちであったが、その豊富なタンパク質・ミネラルと悪玉コレステロール値を低下させるという効果から、現代ではオーツ麦を進んで食べる人が増えている（いわゆるオーツミール）。

ほかには、世界的に有名な牛ブランドとなったアンガスビーフ、干しタラを使ってつくられるカレンスキンクというスープ、エールやウイスキー（スコッチ）などのお酒が有名である。そういえば、小麦（大麦）やオーツミール、砂糖と牛乳などでつくられるシンプルなお菓子である「スコーン」もスコットランドが発祥であるし、最近では身近なスーパーにも置いてあるウォーカーズショートブレッドもスコットランド生まれのお菓子である。

注目すべきイベントとしては、ハイランドゲームズというものがある。これは五月から九月にかけて、スコットランドの六〇か所以上もの地域で行われるスポーツ大会のようなもので、綱引きやトラック競技といった通常の競技だけでなく、石や丸太を遠くまで投げたりするような原始的なものや、棒っきれを座った二人が引っ張り合って、先に手を離したり体勢を崩したりすれば負けという子どもの遊びのようなものもある。元は氏族同士の競技会であったり、戦士に相応《ふさわ》しい力持ちや、伝令に向いた足の速い人をみつけて、その役割を担わせるためのものであったりした。現代においてもこのハイランドゲームズは開催されているが、その競技は立派なスタジアムなどでなく、町中の広場や草原などで行われ、それを囲むように飲食店や即席のパブが軒を連ねる、まさに「地元の大運動会」といった風情《ふぜい》である。かつて日本でもあちこちで行われていたであろう町内会のイベントが大規模化したもの、とでもいえばよいのだろうか。しかし、ハイランドゲームズの面白いところは、アスリート的なものだけでなく、ハイランドダンスやバグパイプの演奏のコンペなどもあり、ハイランド文化の多様性を感じることができる、まさにスコットランドらしいイベント

ハイランドゲームズにて（写真：Robert Harding／アフロ）

である（日時は場所によってさまざまであるので、参加するには、前もってウェブサイトで確認し、必要があれば予約をとっておいた方がよい）。

他にも、八月から九月にかけての三週間の間に開催される、演劇・芸術・音楽のイベント「エディンバラ・フェスティバル」も、いまや世界的に有名となっており、夏のエディンバラには多くの人が世界中から押し寄せてくる。そう、スコットランドはもはや単なる片田舎ではなく、世界において最も特色ある文化的中心地であるのだ。

かつてはヨーロッパの小国であり、いまやイギリスの一地方でもあるスコットランドであるが、文化的にはいまなお多くの人たちを惹《ひ》きつけるさまざまなものを有しているし、世界各地へといまなおその影響を与えつづけている。しかし、そもそもこの国には、いったいいかなる歴史があったのだろうか。ではいよいよ、スコットランドというエリアにおいて、そのユニークな文化がいかに生み出され、スコティッシュ・アイデンティティがいかに育まれていったのかをみてゆこう。

物語　スコットランドの歴史＊目　次

地図作製／ケー・アイ・プランニング

章とびら写真一覧

物語　スコットランドの歴史

イギリスのなかの「誇り高き国」

第一章　スコットランド黎明期——古代・中世

第一節 ブリテン島の歴史

青銅器時代(紀元前三〇〇〇頃~前八〇〇頃)の中部ヨーロッパのケルト民族(「大陸のケルト」)は次第に西に移動しガリア地方やイベリア半島などに行き着いた。その流れを示すように、ケルト文化の象徴である車輪や戦車、琥珀《こはく》などの装飾品が数多くみつかっている。代表的なものとしてはハルシュタット文化(前一二〇〇頃~前四七五)、ラテーヌ文化(前四七四~後四三)などがある。また、イベリア半島(ポルトガル)にも、ケルト人たちがつくったとされるストーンサークルがいくつか残されている。その後、その一部がブリテン島に渡り、少なくとも前六〇〇年頃には「島のケルト」として定住するようになっていた。

ケルト人たちは統一国家を築くことなく、各部族単位で活動していた。そこに前一世紀よりローマ軍がガリア地方ならびにブリタニア(ブリテン島)に侵攻し、各部族と協定を結んだり戦いで破ったりするなどして支配圏を広げ、一世紀終わり頃にはブリタニア中南部の支配を確定させた。そして、二世紀にはブリテン島にローマ軍が常駐するようになった。

カエサルの遠征記録である『ガリア戦記』（前五八〜前五一）では、前五五〜前五四年のブリタニア侵攻の際、「ブリトン人（島のケルト）は肌を群青《ぐんじょう》色に染めている」とある。また歴史家タキトゥスの『アグリコラ』（後九八）では、総督ユリウス・アグリコラ率いるローマ軍が後八三〜八四年のグラウピウス山での戦いにおいてカレドニア人（ブリテン島北部で暮らす住民）たちを打ち破ったと記録されているが、このカレドニア人たちは身体に色をつけている（picts）とあり、ここから、北方ブリトン人＝スコットランド系ケルト＝ピクト人、と解釈するのが、ブリテン史において一般的となった。のちのアルバ王国の一員たるスコットランド系ケルトを「ピクト」と呼ぶようになったのもここからである。

ブリタニアおよびカレドニアの先住民の社会や文化などは口伝《くでん》や彫刻（主に石を使ったもの）による伝承しかなく、聖典や法律などの記録文書が残されていないため、いまだに謎《なぞ》も残されている。彼らについての文字資料は、古代のギリシア人やローマ人によるものであるが、それらによると、ドルイドと呼ばれる宗教者の影響力が大きく、オークの木（とくにヤドリギが宿ったもの）を聖樹と崇《あが》め、自然崇拝であったとされている。ローマ軍のブリタニア常駐以降、次第にキリスト教が広まり、また、ローマ人たちと現地ケルト人たちとが対立しながらも交じり合い、ブリテン島は多民族国家の歴史をたどってゆくが、その過程において、ケルト文化は次第に辺境に追いやられ、稀薄なものとなってゆく。

ゲルマン人（アングル人・サクソン人・ジュート人）の大移動以前、ブリテン島南部においては、①先住ケルト人たる「島のケルト」、②そのケルト人たちがローマ人と交わった「ローマン・ケルト」（この①と②は、総じて「ブリトン人」と呼ばれていた）、そして、③ブリテン島北部のカレドニア人（ピクト人）が、それぞれの領域で暮らすようになっていた。とりわけ③についてはローマ人たちから「蛮族」とされ、ローマ軍は北方カレドニア人に対して「壁」をつくって、その侵入を拒んだ。それが後一二二～一三二年につくられたハドリアヌスの壁であり、ニューカッスルからカーライルまでの全長一一八キロメートルに及ぶものだった。続いて、後一四二～一四四年に約六〇キロメートルほどのアントニヌスの壁がダンバートンシャーからフォルカークにつくられた（しかし後一六四年にこれは放棄された）。

五世紀になるとローマ軍が撤退、ゲルマン人がなだれ込み、ブリテン島は混乱のるつぼとなる。流入してきたゲルマン人はおよそ以下の三種類とされ、それぞれが現地ブリトン人を征服して諸王国をつくり、アングロ・サクソン七王国が形成された（他にも、ゴドズィン王国、バーニシア王国など小さな王国もあったが次第に統合されてゆく）。

アングロ・サクソン七王国

・ジュート人（ケント王国）

・アングル人（ノーサンブリア王国、マーシア王国、イーストアングリア王国）

・サクソン人（エセックス王国、ウェセックス王国、サセックス王国）

ブリテン島に大きな社会的・文化的変化をもたらしたのはケント王国であろう。ケント王国はフランク王国の王女を王妃に迎え入れるなど大陸との結び付きを強くして、六世紀末〜七世紀初頭にはローマ・カトリックをいち早く受容した。その後、キリスト教化の波は、マーシア、ノーサンブリアと及び、七王国全体に広がってゆく。

最終的に支配権を握ったのはウェセックス王国である。ここでは、九世紀後半に名君といわれるアルフレッド大王がデーン人（ヴァイキング）を追い払い、アルフレッドの孫アゼルスタンは九二七年に七王国を統一した。ここにアングル人たちの土地と呼ばれる「イングランド」の歴史が始まる（イングランド王国ウェセックス朝の成立）。

では、ブリテン島北部カレドニアはどうだったのだろうか。カレドニア人＝スコットランド系ケルト＝ピクト人が、自らの独立国家としてスコットランドを建てていたかといえば、そういうわけではない。

五世紀頃より、ケルト系ブリトン人によるストラスクライド王国がスコットランド南西部を、アングル人たちがロージアンなどの中央南部を、そして、先住ケルト民であるピクト族が中部から北部を支配していた。このように、ブリテン島北部ではさまざまな勢力がひしめき合っていたが、六世紀から七世紀にかけて、アイルランド系ケルトのスコット族がアイルランド側からブリテン島北部へ侵攻し、その王ファーガス二世（ファーガス・モー・マック・エルク）がスコットランド西部の多くを支配下におさめる形で「ダルリアダ王国」を建設した。

このダルリアダ王国は、スコットランドに先住していたピクト族の国アルバ（オルバ）と対立しつつも、ときに連携したりした。最終的に両部族が合同する形で「統一アルバ王国」がつくられ、そこに、ストラスクライドやロージアンを組み込みながら、一二世紀頃にはスコットランド（スコット族の土地）と呼ばれる国家となっていったのである。

統一王国としてのアルバ王国の成立は、ダルリアダ王家のケネス・マカルピン王（ケネス一世）即位の八四三年とされており、これは、ウェセックス王国がアングロ・サクソン七王国を統一してイングランドとなった九二七年よりも早い。これがさらにスコットランド南西部のストラスクライド王国を吸収する形でブリテン島北部を統治してゆくと、「アルバ」という呼び方は次第に使用されなくなり（中世前半まではアルバニアともいわれることもあったが）、代わりに「スコーシア」、そして、「スコットランド」と呼ばれるようになる。

「スコット族の土地＝スコットランド」ということで、一見するとアイルランド系ケルトのスコット族が征服したかのようにみえるが、必ずしもそういうわけではない。というのも、スコット（スコッティ）という呼び名自体は、アイルランド島およびブリテン島に在住する「島のケルト」全体を指し示すものとしてローマ人が用いており（三世紀頃にブリテン島西部〔つまりアイルランド側〕からブリタニアに攻め込んできたケルト系襲撃者を呼ぶものであった）、また、アルバ王国初代王ケネス・マカルピンはピクト人たちの賛同を得てピクト人の王となり、「アルバ王国」を名乗ったからである。アイルランド系ケルトのスコット族と、スコットランド系ケルトのピクト族とは、文化・社会がそこまで異なるわけではなかったし、利害の結びつきもそれなりにあったと思われる。その一例として、ヴァイキングの襲撃が始まった当時、それに対抗するために、部族の垣根を越えて連合したということがある。

第二節　統一アルバ王国

アイルランド系ケルトのスコット族と、スコットランド系ケルトのピクト族との統一王国としてのスコットランド成立にはいくつかの要因があった。それは、①襲来してきたヴァイキングへの対応に迫られていたこと、②隣国アイルランドやウェールズへの懸念、③西ハイランド特有の困窮的事情（大規模な戦争をする余裕がない）などであった。

ヴァイキングの襲来に際しては、すでに陸に定住している者同士、スコット族であろうがピクト族であろうが一致団結するしかない。そして、スコットランド西部は、エディンバラやボーダーズ地方といった東部・南部のように豊かな農地もないため、領土争いをする余裕もなく、ゆえに、弱者同士の連帯を助けるような事情があった。たとえば、アイルランド島における対立勢力の不穏な動きに先んじて、スコット族のダルリアダ王国はピクト族と連携し、六三七年にその合同軍がアイルランドに攻め入るなど、政治的連携はある意味必然ともいえるものであった。また、二つの部族をまとめるのに一役買ったのはキリスト教であったともいわれている。もっとも、一二世紀の時点でも、スコットランドという国は中央集権的な王国というよりは、各州や各部族ごとの自治形態をベースとした緩やかな連合国家でしかなかった。

ダルリアダ王初代ファーガス二世から二六代後のアルピン王（?～八三四）の母ファーギスティアナは、ピクト族の王族アルバ家出身であった。このときアルバ家は男系がとだえたこともあり、アルピン王がアルバ王家の王位継承権をも要求したことに、両国の合同は端を発する。ただし、当然ながらピクト族からの反撥《はんぱつ》もあり、アルピンはピクト族の手によって八三四年に死亡した。

その父の遺志と王位を継いだ息子こそが、ダルリアダ王朝とアルバ王朝を統一したケネス・マカルピンであった。彼は八四三年にダルリアダ・アルバの連合王国をなし、その初代の王ケネス一世となった。しかし、この統一王国はピクト族由来の「アルバ」を名乗ったことから、一方的な支配や屈服ではなかったと推察される。実際、宮廷は西スコットランドのダンスタフニッジからピクト族支配地域の中心であったスクーンへと移され、ケネス一世はそこの「運命の石」の上で戴冠式を挙げ、以降はそこが政治的中心地となった。そしてアイオーナ島の聖コロンバの遺骨をスクーン近くのダンケルドに移すなどしたことを考慮すると、ピクト族からもそれなりにその統治は受け入れられていたといってよいであろう。

王家の混乱

ケネスなきあとは、その弟ドナルド一世、その後はケネスの息子コンスタンティン一世が王国を治めた。その後はコンスタンティンの弟エイ、その次は、ケネスの娘を母にもつ（つまりケネス一世の孫でエイの甥《おい》である）ストラスクライド王国の王ヨーカと、エイの後継者（甥）のギリックとが共同統治を行ったとされている。その後、コンスタンティン一世の息子のドナルド二世が王位につき、次にエイの息子コンスタンティン二世が即位し、そのあとはドナルド二世の息子マルカム一世が即位した。この頃から、スコットランドという呼称が定着したといわれる。

中世スコットランドには、直系の長子による王位継承制度とは異なる独自の「タニストリー」という制度があった。「さかのぼって曽祖父《そうそふ》までに王を親族としてもつ者」のなかで、国王に相応しい力量ある人物を次期国王として、国王在位中に選ぶというものである（叔父《おじ》と甥、大叔父と大甥、あるいは、又従兄弟《またいとこ》同士がライバルとなることもあった）。

これは、いかにも民主的で、スムースな王位継承制度のように思われるが、選ばれなかった候補者たちが次の王やその後継者の命を狙《ねら》う事態を引き起こした。その後も王位は、インダルフ→ダブ→カレン→アムレイブ（在位については諸説あり）→ケネス二世→コンスタンティン三世→ケネス三世→マルカム二世というように継承されていったが、カレンは先王ダブを殺害して王位を簒奪《さんだつ》したし、マルカム二世も、従兄弟である先王ケネス三世を殺害して王座についている。タニストリーそのものが悪い制度ということはなく、それが本来の意味で適任者の選定として機能すれば素晴らしいものであったのだろうが、少なくとも、法秩序や民主主義的システムが不十分であったこの時代に向いていなかったことは否めない。

さて、前王から王座を奪ったマルカム二世（在位一〇〇五～三四）には娘しかおらず、ケネス以降のアルピン朝はここで終焉《しゅうえん》を迎えるが、マルカム二世は娘ベソックを、ダンケルド修道院長のクリナンと結婚させて子どもを産ませ、その子（つまり自身の孫）ダンカン一世（在位一〇三四～四〇）に王位を継承させた。これ以降、スコットランドでは直系男子に優先的王位継承権が認められるようになる（もちろん、その途中でさまざまな王位簒奪もあるのだが）。

イングランドとの関係性

当時のアルバ王国は、ウェセックス朝イングランドとはあまり険悪な関係ではなかった。というより、それ以上にヴァイキングの危機が差し迫っていたので、協力を余儀なくされていた。九世紀のコンスタンティン一世はデーン人との戦闘で戦死し、その息子ドナルド二世の治世においてはノルウェーのハラルド王が北部のオークニー諸島や西部のヘブリディーズ諸島を支配するなど、スコットランドもまた同時期のイングランド同様、危機にさらされていた。

イングランドは、ヴァイキングとの戦いへの支援の見返りとして、九四五年にはカンブリア（イングランド北西部）を、九七一年にはロージアン（スコットランド南東部）をアルバ王国へ平和的に譲渡しており、今でいうところの「スコットランドに対するイングランドの抑圧的支配」は存在しなかった。一〇世紀に入って、コンスタンティン二世がその娘をダブリン王オラフ・シートリクソンと結婚させることで同盟を結ぶと、その勢力拡大を危惧《きぐ》したウェセックス王エセルスタンが戦争をしかけ敗北することもあったが、スコットランドがイングランドに対し臣従の誓いを立てるということはなく、勢力は均衡していた。

一〇三四年に王座についたダンカン一世はロージアン、ストラスクライドを併合し、現在のスコットランドとほぼ同じ地域を手中に収め、さらにはイングランド北部にあるダラムへと侵攻するなど野心的な王であった。しかし、その後、マクベスに反乱を起こされて王座を奪われることになる。

マクベス王（在位一〇四〇～五七）はシェイクスピアの作品『マクベス』では欲深い王位簒奪者として描かれているが、彼自身はダンカン一世の従兄弟で、妻グルッホがケネス三世の孫娘であったことから、従来のタニストリーにおいてマクベスは正当な王位継承権保持者だった。

王位簒奪者と呼ばれるマクベスの治世はおおむね平和であったといわれている。この頃のイングランドはエドワード懺悔《ざんげ》王の治世下にあったが、ノーサンブリア伯のシワードがなきダンカン一世の息子マルカム三世を迎え、その反乱を支援した結果、マルカム三世はマクベスを、そして、その後を継いだマクベスの養子ルーラッハを廃して、王座をつかみ取った。これは「イングランドの手助けによって、王位簒奪者マクベスとその息子を廃し、スコットランドに平和が訪れた」ということを意味する（この見方は、シェイクスピアの『マクベス』でも強調されている）。

これ以降、イングランドはスコットランドへと介入をはじめ、次第に影響力を及ぼすようになる。その大きな転換点は、一〇六六年、ウィリアム一世（ノルマンディー公ギョーム二世）によるイングランド征服（ノルマン朝の成立）である。

第三節　強国イングランドの脅威

介入してくるノルマン朝

イングランド・ウェセックス朝最後の王エドワード懺悔王の孫エドガー・アシリングは、ノルマン朝初代の王ウィリアム一世との政争に敗れてスコットランドに逃亡し、その姉マーガレットは、マクベスたちを廃して王座についたスコットランド王マルカム三世の二番目の妻となる。そのマルカム三世は妻の弟エドガーこそが正当なイングランドの王位継承者と主張したのだが、それがウィリアム一世の不興を買い、ノルマン朝イングランドと戦うことになり敗北、その後、和平を結んだ。ノルマンディーを本拠地とするウィリアム一世のイングランド支配はノルマンコンクエスト（ノルマン征服）といわれる一大事件であったが、その余波はスコットランドをも覆ってしまったのだった。

ウィリアム一世はマルカム三世を破ったとき、和平の条件として、その息子ダンカン（マルカム三世と最初の妻イーンガボーグとの間に生まれた長男）を人質としてロンドンに連れ帰った。のちにダンカンは、ウィリアム一世の息子ウィリアム二世の援助を受け、ダンカン二世として一〇九四年にスコットランド王座につくことになるが、以後イングランドは常に傀儡《かいらい》政権をスコットランドに置こうとするようになる。

二転三転する王位

マルカム三世が再婚した妻マーガレットはイングランド王朝由来のサクソン式を重んじ、それを尊重する形で教会や宮廷を変革するなど、スコットランドの伝統を大胆に変えようとしたが、それはスコットランドを文明化した一方、保守派勢力からの反撥を招いた。マルカム三世とマーガレットに反感を抱いていた保守派貴族は、マルカム三世が戦死したことをうけ、直系の男子後継者（ダンカン）がイングランドで存命であるにもかかわらず、マルカム三世の弟ドナルド三世（在位一〇九四～九七）を即位させるなどして、スコットランド旧来の伝統を守ろうとやっきになっていた。ドナルド三世は兄マルカムとは異なり、幼少期の逃亡生活をヘブリディーズ諸島で過ごしたこともあって、サクソン式ではなくケルト式を好み、マーガレット主導のもとで行われた宮廷のイングランド化を廃止した。

ノルマン朝イングランドの王ウィリアム二世は、スコットランド対策の切り札である王位後継者ダンカンを有しているにもかかわらず、スコットランドがそれを意に介さないかのように別の王をたてたことに立腹し、ダンカンを全面的にバックアップしてドナルド三世軍を破り、わずか七か月たらずでダンカン二世として国王に即位させた。

しかし、そのダンカン二世はあまりにもイングランドに追従したため、多くのスコットランド貴族の反感を買った。その機に乗じて、王座を追われたドナルド三世はダンカン即位の半年後に反乱をおこしてダンカンを殺害し、再度王座についた（このドナルド三世は、マルカム三世とマーガレットとの間に生まれた長男であるエドマンドと結託して反乱を起こし、その後しばらく共同統治していた）。

エドマンドの弟エドガーは、イングランド王ウィリアム二世に臣従を誓い、その助力のもと、ドナルド三世を排して王座についた（在位一〇九七～一一〇七）。エドガーはノルウェー王マグナス・オラフソンと国境を定める条約を締結するなど、対外的な協調のもとスコットランドの安定を図ろうとしたが、西部のヘブリディーズ諸島をノルウェーに差し出し、イングランドとも融和路線をとり、それは弱腰外交といえるものであった。

エドガーの弟で後継者のアレグザンダー一世（在位一一〇七～二四）は、イングランド王へンリー一世の娘を妻にする一方、自身の妹をヘンリー一世に嫁がせるなど、イングランドとの関係の強化に努めた（ウェールズのグウィネッズ王国に対しても、協調して対抗していた）。アレグザンダーの死後は、その弟デイヴィッド一世（在位一一二四〜五三）が即位した。

デイヴィッド一世は封建制の導入、ノルマン式の議会制度やノルマン人の登用、行政区（バラ）の設置など、ノルマン朝イングランドに倣《なら》ってさまざまな改革を行った（ただし、封建制の全土的な徹底は、その後のマルカム四世や獅子《しし》王ウィリアムの時代といわれる）。対イングランド政策は友好路線ではあったが、ヘンリー一世なきあとはイングランドの王位継承に干渉し、ノーサンバーランドやカンバーランドをスコットランドに組み込んだ、したたかな王であった。

キリスト教の庇護

デイヴィッド一世は、いくつもの大修道院（アビー）を建設したといわれる。まず、ティロン修道会のためのセルカークアビーを建設し（のちにケルソーに移転してケルソーアビーとなった）、その後、アレグザンダー一世の方針を継承する形でアウグスティヌス修道会のためのホーリールード修道院、セント・アンドリューズ修道院、ジェドバラ修道院も建設した。また、シトー会のパトロンにもなり、新しいメルローズ修道院を建設したり、兄アレグザンダー一世がパトロンをしていたベネディクト修道会の修道院をサポートもした。ほかにも、その治世下にはさまざまな修道院が建てられており（プレモントレ修道会のドライバラ修道院など）、キリスト教の庇護《ひご》者であることを国内外に知らしめた。

このような動向は、クリスチャンとしてのデイヴィッド一世の敬虔《けいけん》さを示しているといえるが、さまざまな修道会宗派との結びつきを考慮すると、それだけではない政治的意図もみえてくる。こうした宗教的政策のもと、対外的に広くアンテナを張りつつ、大陸の最新の勢力と結びつこうとしている背景には、おそらく、イングランドへの対抗意識もあった。デイヴィッド一世が建てたジェドバラ修道院やメルローズ修道院はイングランドとの国境近くに建設されており、ここに大陸からの教えや修道僧を定着させて領土としてそこが不可侵なエリアであることを暗に示しつつ、あわよくばそこからさらに領土を拡張しようとしていたことがうかがえる。たとえば、ノーサンバーランド（旧ノーサンバーランド王国の東海岸付近）は、スコットランドとイングランドとの間でその領有をめぐってたびたび戦争になっており、ボーダーズ地方周辺は戦略的にも重要な地域であった。とりわけヨーロッパ最古の修道会といわれるベネディクト修道会（六世紀成立）への支援、そして、シトー会への支援からもそれはうかがえる。シトー会とは、一〇九八年、フランスのシトーに設立された修道院を起源とするものであるが、もとはベネディクト修道会から派生したもので、その本来の教義に立ち戻ろうと、豪華な典礼や華美な装飾を避け、染料をもちいない白い修道服を着用した（また、学問と労働を重視したといわれている）。

デイヴィッド一世は、他にもスコットランド最初のコインを鋳造したり、歳入長官（財務大臣）の官職を置き、文書記録を徹底させたりと、スコットランドの行政を革新した人物でもあった。また、「王立自由都市（バラ）」の開設を手掛け、勅許状のもとで通行税の免除や市場開設権、独占販売権などを与え、そこを拠点として国内外の取引を活性化させ、スコットランドの経済を飛躍的に伸ばしたといわれている。スコットランドがイングランドに並びゆく国家となるための礎《いしずえ》を築いた名君ともいえるだろう。

デイヴィッド一世なきあと、王座はその孫マルカム四世に引き継がれ、そこからその弟ウィリアム一世とその息子アレグザンダー二世、そして、さらにその息子アレグザンダー三世と移り変わっていった。この頃には、イングランドは本拠地ノルマンディー（フランス北西部）を失いつつも、ブリテン島の政治に集中することで強大な中央集権国家化しており、その影響力は無視できないものとなっていた。そしてそれはスコットランドの自治をたびたび脅《おびや》かすものであった。しかし、ウィリアム一世（在位一一六五～一二一四）は、当時イングランド王ヘンリー二世と敵対していたフランス王ルイ七世と接触し、一一六八年に秘密裏の同盟を結ぶなどの戦略外交を行っていた（のちにフランスとスコットランドの間で結ばれ、長く続いてゆく「古い同盟」の萌芽《ほうが》ともいえる）。

そのなかには面白いエピソードもある。十字軍遠征になみなみならぬ情熱を抱いていたイングランド王リチャード一世（獅子心王）はその軍資金集めに奔走《ほんそう》するあまり、父ヘンリー二世がスコットランドと結んでいた臣従契約を金銭と引き換えに解消し、両国を対等な関係に戻すことをスコットランド王ウィリアム一世に提案した。その後、一一七四年のファレーズ協定によって、臣従関係の解除がなされ、スコットランドの主権が回復された（イングランド軍の撤退）。ただし、それと引き換えに、スコットランド側は一一八九年におよそ一万マーク（現在の価値でいえば、およそ八〇〇万ポンド）を支払うこととなったのであるが。

ウィリアム一世の息子でその後継者であるアレグザンダー二世（在位一二一四～四九）はイングランド王ヘンリー三世の妹と結婚し、一二三六年にはヨーク条約を締結し、西部のソルウェイ湾から東部のツイード川までの国境線を確定的なものとした（現在のイングランドとスコットランドの境界線は原則これに沿ったものとなっている）。その息子でありスコットランド史上最も有名な名君といわれるアレグザンダー三世（在位一二四九～八六）は、ヘンリー三世の娘マーガレットと結婚し、イングランドとの良好な関係を維持しようと専心した。また、ヘブリディーズ諸島をノルウェーから奪い、クライド湾まで侵攻してきたノルウェーの軍勢を打ち破り、ノルウェー勢力をスコットランドから完全に駆逐した。このようにして、現在まで続く、ヘブリディーズ諸島の領有権を確定させ、政治的安定を確立した名君であったが、後継の男児に恵まれず（なくなったりしたので）、ここでダンケルド朝（アサル朝）は終わりとなる。ここから、再度イングランドによる介入が本格化してゆくことになる。

エドワード一世の介入

アレグザンダー三世の娘マーガレット（一二六一～八三）はノルウェー王エイリーク二世に嫁ぎ、そこで娘マルグレーテを産んだが、すぐになくなってしまった。後継者問題で揺れていたスコットランド貴族たちは、当時三歳のマルグレーテ（在位一二八六～九〇）をスコットランド王として——彼女がノルウェーにいながらも——その在位を認めた。このように、イングランドよりも早く、スコットランドには女王が誕生していたことはあまり知られていない。

ここに目を付けたのが、後に「スコットランド人へのハンマー」と呼ばれるイングランド王エドワード一世である。エドワード一世は自身の息子エドワード二世（当時四歳）をマルグレーテと結婚させるべくスコットランド側に迫り、それを承諾させた（一二九〇年のバーガム条約）。しかし、その年、ノルウェーからスコットランドへ向かう航海のさなか、マルグレーテはスコットランド北部のオークニー諸島で体調を崩してそのまま死亡したため、エドワード一世の目論見《もくろみ》は失敗した。

しかし、それでもスコットランドに直系の血筋の王位継承者がいないことには変わりなく、この「空位時代」（一二九〇～九二）に再度エドワード一世が介入してくる。王位継承権を争った一三人のうち、親イングランド的であったジョン・ベイリャル（在位一二九二～九六）を猛烈に後押しして、王座につけたのである。

ジョン・ベイリャルの母の曽祖父（つまりベイリャルにとっての高祖父）はスコットランド王デイヴィッド一世であり血筋的には問題はなかった。ただし、ジョンの父（同名のジョン・ベイリャル）はアレグザンダー三世治世下のスコットランド宮廷に勤めながらもイングランドとも通じ、ヘンリー三世より官職に任命されていることからも、かなりイングランドとの距離が近い立場であった。こうした縁もあり、一二九一年、ジョン・ベイリャルはイングランド王エドワード一世をスコットランド王位継承争いの監査役にたて（実際はその後見をうけて）、翌年の聖アンドリューの日（一一月三〇日）に、スクーンにおいて「運命の石」の上でスコットランド王として戴冠した。ベイリャルをはじめ、王位継承権をもった人たちはエドワード一世へ臣下の誓いを立てさせられており、ここにイングランドの傀儡政権が成立したともいえる（ベイリャル朝）。

第四節　空位時代と独立戦争

イングランドの傀儡と思われたベイリャルであったが、一二九六年、独立戦争を起こすにいたる。理由はいろいろあるだろうが、その一つとして、当時イングランドの戦争相手であったフランスへの派兵を求められ、ベイリャルが拒絶したことに起因する軋轢《あつれき》があった。親イングランド的とはいえ、搾取《さくしゅ》されつづけることに耐えかねたベイリャルは対イングランド政策として、フランスとの結びつきを強めることにした。独立戦争を起こす前年の一二九五年、フランス王フィリップ四世との間で、「古い同盟」と呼ばれる同盟関係を結んだ。これはどちらかがイングランドと戦う場合には助力するという内容であった（この理念自体は、イングランドとスコットランドが同君連合となるまで、対イングランドの協調戦略として長く受け継がれ、随時再確認される）。

一二九六年、ベイリャルは臣従の拒否を宣言し、北部イングランドに侵攻したが、エドワード一世はその反乱を予測し、ベイリャル軍を打ち破り、ベイリャルはロンドン塔送りとなった（その後釈放されてフランスへと追放されたが）。そして、エドワード一世はスクーンの「運命の石」をこともあろうにウエストミンスターへと持ち帰って、「エドワードの椅子」と呼ばれる木製椅子の座面の下部分にはめ込み、ウエストミンスターアビーにそれを保管した。スコットランドへとその石が返却されるのは、その七〇〇年後の一九九六年まで待たなければならなかった。

こうしてベイリャルを廃位したエドワード一世はその年の六月、二〇〇〇人のスコットランド貴族や地主たちに、自らを王とする誓約書へ署名させた（この誓約書は「ラグマンズ・ロール」と呼ばれる）。エドワードはその後、ベイリャルとの戦いで活躍したサリー伯ジョン・ド・ワーレンをスコットランド総督として任命した。ベイリャル朝は一代をもって終焉し、スコットランド王位は再度空位の時代となったのである（エドワード一世はスコットランド介入以前にはウェールズに侵攻し、やはりウェールズの主権を同様に奪っている）。

ウォレスの処刑

スコットランド総督ワーレンの支配はかなり苛酷《かこく》で、それに対し、スコットランド人たちの反感は高まり、ついには、ウィリアム・ウォレス（一二七〇頃～一三〇五）を中心とした抵抗運動、そして独立戦争へと発展した。

ウィリアム・ウォレス

一二九七年、スターリング・ブリッジの戦いでワーレン率いるイングランド軍に勝利してスコットランド国民の自信と誇りを取り戻したウォレスではあるが、フランス王フィリップ四世と講和を結んだエドワード一世がイングランドに戻り、その指揮のもとイングランド軍は北上し、一二九八年にフォルカークで両者は激突した。ウォレスは敗走し、その後、ゲリラ活動をしながら、諸外国にイングランド包囲網を張るよう訴えかけた。一二九七年にはドイツ（神聖ローマ帝国）の自由都市リューベックとハンブルク宛てにスコットランドとの交易を求める手紙をだして、スコットランドの国際的重要性を高めようとしたり、フランス国王には「古い同盟」をもちだしたり、そして、ローマ教皇には「ローマ・カトリックの支配下であるスコットランドへのイングランドの不当な介入」を訴えるなどした。しかし、その間にエドワード一世はスコットランド侵攻を進めてゆき、一三〇五年にはほぼ全土を制圧した。同年、ウォレスは捕まってロンドンで処刑された。

このウォレスの活動、そして刑死は、スコットランドの国民感情を一つにまとめあげた。スコットランドはもともとハイランドとローランドで分断気味であり、貴族たちも王位継承権争いなどでいざこざがあったが、エドワードのあまりにも強権的な介入は、「イングランドにつくか、スコットランドを守るか」の二者択一的選択のプレッシャーを与えることになった（もちろん、エドワード一世はその情勢すらも踏まえて、恐怖政治だけでなく懐柔策などの手練手管《てれんてくだ》をもってスコットランド貴族が一つにまとまることを妨害していたわけであるが）。

そのようなときに頭角を現したのが、ロバート・（ザ・）ブルース（一二七四〜一三二九）であった。ブルースはかつてのスコットランド王ウィリアム一世の姪《めい》イザベラの孫にあたり、祖父アナンデイル卿《きょう》は、かのベイリャルと王位継承争いをした一人であった。ブルースは父とともに一二九六年のベリック・アポン・ツイードにてエドワード一世に臣従の誓いをしたが、しかし、独立運動に荷担していたのであった。一三〇〇年代初頭のスコットランド侵攻においては再度エドワードに臣従の誓いを立てたものの、スコットランド王となってイングランドから独立しようという野望をずっと抱いていた。

そこで重大な事件が起きてしまう。一二八六年から一三〇六年にかけてのスコットランドには絶対権力を誇る君主は存在しなかったため、共同守護者と呼ばれる複数の摂政が存在していたが、そのなかには王位継承権保持者もいた。ブルースもそうした守護者の一人であったが、もう一人の守護者であり王位継承権保持者のジョン・カミンと対立気味であった。しかし、対イングランドでの結束を固める必要もあり、一三〇六年、ダンフリーズのグレイフライアーズ教会で直接対話したのだが、そこでブルースはカミンを殺害してしまったのである。その理由は諸説あるが、ジョン・カミンがあのベイリャルの義兄弟であり、王座争いのライバルであったことのほか、かつてベイリャルに従わなかったことで没収されたブルースの領地をカミンが受領していたこと、他には、カミンはイングランドとの結びつきが強く、フォルカークの戦いでウォレスを見捨て、エドワード一世に情報を流していた疑いがあること、などがあった。

ロバート一世の戴冠

ブルースにとって状況は絶望的であった。独立運動を牽引していたウィリアム・ウォレスが処刑され、エドワード一世の権勢が強まるなか、王位継承権保持者同士とはいえ共同守護者同士が争った結果、教会内にて同胞を殺害してしまったのである。エドワード一世はここぞとばかりにブルースを無法者呼ばわりし、教会内での殺人を重くみたローマ教皇クレメンス五世もブルースを破門した。

ここで、スコットランドをまとめあげるのに一役買ったのがグラスゴーの司教ロバート・ウィシャートである。ウィシャートはアレグザンダー三世がなくなった一二八六年、六名のスコットランド守護者のうちの一人に任命されており、ベイリャルがフランスと結んだ同盟にも署名するなどしていた。その彼が、セント・アンドリューズ司教のウィリアム・ランバートンと結託し、ブルースを支援し、世論をまとめるべく動いたのである。

その大きな理由は、当時のスコットランド教会が、大陸のローマとの結びつきを重視していたことにある。イングランドの本格的な宗教改革とローマ・カトリックからの離脱は一六世紀のヘンリー八世の治世下ではあったが、しかし、一二世紀後半からはヨークやカンタベリーの司教の任命にイングランド王の意向が深くかかわっており、イングランドはそこをブリテン島キリスト教の中心として、周縁の地域を政治的にも宗教的にも支配してゆく手法をとっていた。これに対し、スコットランドの宗教者たちは、自分たちの帰属先はあくまでローマであり、それ以外にはない、として、イングランド側からの介入を拒絶しようとしていたのである。セント・アンドリューズ司教のウィリアム・ランバートンは、フランス宮廷に出向いてフランス王フィリップ四世へスコットランド支援を訴え、やはり教皇ボニファティウス八世にイングランドによる侵略をやめさせるべくプレッシャーを与えるよう懇願している。

ロバート・ブルース像（スターリング城）

しかし、エドワード一世もまた、教皇に対し、ウィシャートをグラスゴー教区の司教から排除するよう呼び掛けていた（それは成功しなかったが）。つまり、イングランドもスコットランドもともに、ローマ・カトリックなどの国外勢力と手を結び、相手にプレッシャーをかけようとしていたことがうかがえる（エドワード一世は戦争をしていたフランスと和平を結び、スコットランドとフランスとの同盟を無効化したうえでスコットランド侵攻に及んでいる）。

ブルースが教会内でジョン・カミンを殺害したことで、神への冒瀆《ぼうとく》という罪で彼が断罪され、結果、スコットランドの独立の担い手が不在となることが予想された。そこで、ウィシャートはブルースに赦《ゆる》しを与え、有力司教たちを巻き込み、カミン殺害後七週間もたたない一三〇六年三月二五日に、スクーンでの戴冠式に立ちあい、ブルースはロバート一世として即位した（在位一三〇六〜二九）。ここからブルース朝のはじまりとなる。

独立宣言とその後

ブルースとその支持者たちは志を一つに挙兵したものの、メスヴェンの戦いで敗走し、近親者が捕縛・投獄され、ブルース自身もスコットランドの地方に潜伏するなど、当初は劣勢であった。しかし、その間に天敵エドワード一世がなくなるなどの幸運もあり、地方で潜伏しながらのゲリラ活動が次第に実を結びはじめ、イングランド守備隊や、スコットランド内において敵対していた勢力（カミン氏族、マクドゥガル氏族など）を打ち破って、スコットランド全土を次第に支配していった。

決定的であったのは、一三一四年、バノックバーンの戦いである。エドワード一世の後を継いだエドワード二世は、スターリング城を包囲したブルース軍を撃退しようと北へ進軍していたが、近郊のバノックバーンに着いたときにブルース軍はそれを襲撃し、大打撃を与えた（ウィシャートはイングランドに捕らえられて約八年の獄中生活のなか失明するなど不遇の状況であったが、一三一四年、ロバート一世がバノックバーンの戦いの後に人質交換をして、釈放された）。

独立を確実としたロバート一世の支持者たちは、一三二〇年のアーブロース宣言によってスコットランドの主権の回復を宣言した。その宣言は二つの趣旨を含むものであり、一つは、ローマ・カトリックより破門されていたロバート一世の地位回復とスコットランドの主権国家としてのお墨付きを求めるもので（その三年後、ローマ教皇ヨハネス二二世はブルースの破門を解除し、スコットランド王として承認した）、もう一つは、スコットランドの統治者は今後ずっとイングランドに属することがない（属する選択をする王はその資格を失う）、というものであった。そして、一三二八年にイングランドとの間で締結された和平によってブルースの王権とスコットランドの独立が認められ、第一次スコットランド独立戦争は終了した。

その後、王権はロバート一世の息子デイヴィッド二世（在位一三二九～七一）に引き継がれたが、当時少年であったこともあり、父ほどの求心力もカリスマ性もなかった。これをチャンスとみたのが、あのジョン・ベイリャルの息子エドワード・ベイリャルであった。ロバート一世の死後、ベイリャルは挙兵して国王軍を破り、一三三二年にスクーンで戴冠式をあげて国王を名乗った。その背後にはイングランド王エドワード三世の支援があったことをみると、エドワード一世・二世・三世は三代にわたってスコットランドの内政に干渉しているといえる。

アーチボルド・ダグラスなどのスコットランドの愛国者貴族たちは、一三三二年に挙兵してベイリャル軍を撃破し、ベイリャルはイングランドへ敗走・亡命した（イングランドにいながらスコットランド王を名乗りつづけた）。ベイリャルを支援していたエドワード三世は兵を差し向け、この軍勢を破り、アーチボルドは戦死してしまい、再度、イングランドはスコットランドを支配する。この時期、ローランドにはイングランドの駐留軍のみならず商人や聖職者たちまでが押し寄せてわが物顔で振る舞っていたという。ベイリャルとの戦いに敗れたデイヴィッド二世は、フランス王フィリップ六世を頼って亡命していたが、実質的に空位となったスコットランドの宮廷では、デイヴィッド二世の（年上の）甥であるロバート・スチュアートが摂政をすることで、スコットランドはかろうじて治世をたもっていた。

一三四一年、フランスと百年戦争（一三三七〜一四五三）で争っていたイングランドを北側から叩《たた》き、挟み撃ちにすべく、デイヴィッド二世はスコットランドに戻り挙兵した。しかし、一三四六年のネヴィルズ・クロスの戦いで敗れ、イングランドに捕虜《ほりょ》として連行されてしまう（とはいえ、デイヴィッド二世はエドワード三世の妹を妻としていたこともあり、そこまでひどい待遇ではなかったようである）。そして、その間、またも甥のロバート・スチュアートが国内政治を執ることになった。

一三五七年、捕虜であったデイヴィッド二世は釈放されてスコットランドに帰還を果たすが、身代金一〇万マルク（六万七〇〇〇スターリングポンド）を一〇年間で支払うという契約がイングランドとスコットランドの間で交わされた（そして一〇年間の休戦条約）。これはスコットランドの財政を圧迫するものであった。ただし、この身代金と引き換えに、イングランド王エドワード三世の子孫をスコットランド王位継承者とするという提案がイングランドからなされており、デイヴィッド二世はそれをひそかに承諾していた。これは身代金の負担をなくすという点ではスコットランドのための取引ともとれるが、ロバート一世のアーブロース宣言に違反するものであったので、スコットランド議会はデイヴィッド二世の提案に反対し、身代金を払いつづけた。こうしてみると、第三節で紹介したリチャード獅子心王のときといい、スコットランドは事あるごとにイングランドに巨額のお金を支払っているともいえる。

一三七一年にデイヴィッド二世はなくなったが後継者がいなかったので、それまでスコットランド内政をまとめていた苦労人ロバート・スチュアートがロバート二世（在位一三七一～九〇）として王位を継承した。ロバート二世の父（ロバート一世の義理の息子）は、デイヴィッド一世以来、王室執事長としてスコットランド王家に仕えてきた名門スチュアート家であり、このロバート二世よりスチュアート朝が成立する（そして、このスチュアート朝は、最後のスコットランド王家となる）。

Column スポーツ文化の国「イギリス」

「イギリス」は日本と同じく島国であり、また、立憲君主制（君主の権力・権限が憲法によって制約を受けている政治制度）であるので、「同じようなものだろう」と思っている人もいるかもしれないが、両国の政治史はまったく異なる。イギリスは、そもそもは先住民であるブリトン人、西のスコット族、北方のピクト族（ケルト系あるいはケルト以前の先住民）が暮らしていたが、ローマ帝国侵攻後には、大陸より侵入したゲルマン系民族がブリテン島を政治的に支配し、その後、ノルマン系（およびノルマン系フランス人）、ウェールズ系、スコットランド系、オランダ系、ドイツ系の王位継承者たちが政治的実権を握ってきた。しかし、日本はそこまで多民族国家でもなければ、朝廷の政治的実権が、他国から渡来してきた異民族に握られることもなかった。

イギリスと日本との最たる違いは、一つの島のなかにルーツの異なる二つの国が存在しつつ七〇〇年以上も対立しつづけた、という点であろう。その意味で、ブリテン島はまさに呉越同舟《ごえつどうしゅう》ともいうべき島であったのだ。

イングランドはたびたび隣国スコットランドを脅かし、王や王位継承権者を人質にとってそれを懐柔しつつ、スコットランド本国へ身代金を要求したり、また、臣従の誓いを立てさせ、傀儡政権を置いて軍を駐留させたりしていた。そんななか、ロバート・ザ・ブルースの戴冠とスコットランドの独立がアーブロース宣言によって対外的に周知されたのである。対内的にはいわば憲法のような効力をもったアーブロース宣言は、イングランドのマグナ・カルタ同様、中世イギリス政治史において重要な意義をもつ。また、その後フランスとの間で長期にわたり蜜月関係を築くことになった「古い同盟」も国際政治上、重要なものであったといえる。

さて、ときに協力、ときに対立しながら歩んできた両国であったが、それぞれの国で育まれてきたものが「イギリス文化」として共有され、世界に広がっていった。それが、イギリス発祥とされるスポーツ、「ゴルフ」である。

ゴルフは、スコットランドの羊飼いたちが興じていた玉遊びが発祥といわれる（オランダ由来説もあるが、現在のゴルフの原形はスコットランドのもの）。イングランドとたびたび戦争状態であったこともあり、ゴルフに夢中になったスコットランドの兵士たちが訓練をさぼっていると、ゴルフ禁止令が発布されたようで、一四五七年のスコットランド王ジェイムズ二世による禁止令がゴルフに言及している最古の記述とされている。この法律では、ゴルフと同様にフットボールも禁止されており、この禁止令は、一四七一年と一四九一年にも繰り返されていることから、人々が相当熱中してゴルフに興じていたことがうかがえる。

それが後に「紳士のスポーツ」として、イングランドのジェントリ（郷紳《きょうしん》）にも嗜《たしな》まれるようになった。一八三四年、ハノーヴァー朝ウィリアム四世の時代に「ロイヤル・アンド・エンシェント・ゴルフクラブ・オブ・セント・アンドリューズ（通称R&A）」が発足し（母体であるゴルフ組織は一七〇〇年代にすでに存在していた）、それはゴルフの公式ルールを定める総本山的な組織として今なお存在している。

このように、スコットランド生まれのスポーツがイングランドに、そして「イギリス」に引き継がれ、イギリス文化として世界に発信されていることは喜ばしいことであり、そして、それは今なおスコットランド人の誇りとなっているのである。

第二章 スチュアート朝の時代——中世の終わり

第一節　スチュアート朝発足

身代金ふたたび

ロバート二世の治世のあと、その息子のロバート三世（在位一三九〇～一四〇六）が王位を継承するも、同母弟で摂政を務めていたオールバニ公ロバートの計略によって、ロバート三世の息子ジェイムズはイングランドの捕虜となってしまった。スチュアート朝自体は短いにもかかわらず波瀾万丈《はらんばんじょう》な王朝であるが、ケチのつきはじめはおそらくこのあたりからであった。

このロバート三世およびオールバニ公時代のスコットランドは、国内の統治がとりわけ乱れた時代でもあった。ハイランドの氏族（クラン）がローランドで略奪したり、ロード・オブ・アイルズであるドナルド族が、スコットランド中央部付近まで攻め込んだりすることすらあった。つまりは、スコットランドの封建制が崩壊し、ハイランド（および島嶼部）は治外法権ともいうべき状況にあったといえる。こうした不十分な統治が長く続いたせいか、ハイランドとローランドとの分断は次第に決定的なものとなり、それがゲール語圏と英語圏（スコットランド英語圏）とが併存する事態を招くことになる。のちに、それはハイランドの悲劇を招くことにもなった。

しかし、この時期は、自治都市の経済活動が活溌になった時代でもある。交易によって大陸のワインなどを手に入れたり、他国との交流のもと、学問的拠点の建設の気運が高まり、一四一三年にはスコットランド最初の大学であるセント・アンドリューズ大学ができたりするなど、スコットランドに「自由」が根を張りつつある時代でもあった。

ロバート三世は息子ジェイムズが捕虜となったのちすぐになくなってしまったが、その後、政治的実権を握ったオールバニ公はジェイムズを取り戻そうともせず放っておきながら、摂政として権力の中枢に居座りつづけた。

イングランドは、スコットランドとの今後の関係改善も踏まえ（イングランド王ヘンリー四世、ヘンリー五世、ヘンリー六世の三代の王たちは）ジェイムズを厚遇した。一四二〇年にオールバニ公がなくなると次期国王であるジェイムズを取り戻そうとスコットランド議会は身代金六万マルクをイングランドへ払うことを決めた（そして、フランスへ派兵していたスコットランド軍を引き上げるロンドン条約に署名した）。一四二四年にジェイムズは解放され、スクーンにてジェイムズ一世として戴冠した（在位一四〇六～三七）。その後、オールバニ公近親者を国賊として処刑し、その王権を強固にしたジェイムズ一世であったが、反対勢力によって暗殺されてしまい、当時六歳であったジェイムズ二世（在位一四三七～六〇）が戴冠することになった。ジェイムズ二世が成人するまでの政治的実権は第五代ダグラス伯とその一族に握られることになった（初代ダグラス伯ウィリアム・ザ・ハーディは、ウォレスの反乱に参加し、ロバート・ザ・ブルースの盟友であったことからスコットランドではかなりの名門貴族であった）。しかし、ジェイムズ二世は成人後、このダグラス伯の息子ウィリアム・ダグラスらを粛清し、親政を開始した。そうしたさなか、国境沿いにあるロクスバラにおいて、イングランドとの戦闘により死亡してしまう。

その後、九歳で即位した息子のジェイムズ三世（在位一四六〇～八八）は、一四六九年、当時北欧の盟主であったデンマーク王クリスチャン一世の娘マーガレット（マルグレーテ）と結婚し、その持参金がわりに北方のオークニー諸島とシェットランド諸島を手に入れた。現在はオークニー諸島とシェットランド諸島はスコットランド領であるが、この地域にはノルウェー文化の痕跡《こんせき》が残っている。たとえば、シェットランドで一月に行われる「ウップ・ヘリー・アー（Up Helly Aa）」はスカンディナヴィア文化を継承したお祭りであり、一〇〇〇人近くの島民がヴァイキングの恰好《かっこう》をしながらたいまつの火をかかげて練り歩き、最後は、ヴァイキング船にその火を投げ込んで燃やすというものである。

スコットランドと北欧諸国との関係は、島嶼部の領有権争いで緊張関係にありつつも、時折婚姻関係が結ばれるなどその連帯は途切れることはなかった。このことはフランスとも同様であり、少なくとも、大陸諸国と深刻な戦争を引き起こしていたイングランドに対し、スコットランドは国際協調路線を歩んでいたといえる（もっともスコットランドの外交戦略は、対イングランドという意味が大きかったが）。

さて、ジェイムズ三世は内政面では多くの貴族と対立したが、有能であれば下級の身分であっても宮廷で重用したリベラルな人物であった。また、この時代にはスコットランド・ルネッサンスといわれるほど文化が花開き、建築家や音楽家、服飾家などが重用された。

名君ジェイムズ四世

ジェイムズ三世は、反乱勢力に担ぎあげられた実子ジェイムズ四世（在位一四八八～一五一三）の軍と戦い敗死してしまった。父を打倒し王位を継承したジェイムズ四世であるが、父を戦死させてしまったことについてはたいへん悔やみ、自身を担ぎあげて父を殺害した貴族たちの傀儡となることはなかった。統治者としては有能で、法による統治と自由との両方を重んじるそのバランス感覚は素晴らしかった。政治的にはハイランドとローランドの分断を解消すべく、ハイランドのクランたちとゲール語で話し合い、彼らの信頼を勝ち取って、ゆるやかであるがスコットランドを一つにまとめあげた。法を整備し、それまで恣意《しい》的で、氏族・貴族まかせであったスコットランドに法の支配を確立したといわれる。イングランドとは一五〇二年に平和条約を締結し、一五〇三年にヘンリー七世の娘（ヘンリー八世の姉）マーガレット・チューダーと結婚した。それと同時に、「古い同盟」をもとにしたフランスとの同盟関係も維持しつつ、海軍を組織化し、最新鋭の戦艦グレート・マイケル号をつくらせ、スコットランドの軍事力・国力を海外に知らしめた(当時の強国スペインの有力大使を常駐させるなどもした)。

しかし、戦乱の時代、たった一つの判断ミスが命とりとなる。一五一三年にイングランド王ヘンリー八世がフランスへ侵攻をはじめると、これを好機としてイングランドへ宣戦布告して南下しようとしたが、ノーサンバーランドでのフロドゥンの戦いでノーフォーク公率いるイングランド軍に敗れ戦死してしまう。

混迷期

ジェイムズ四世の死後、その息子ジェイムズ五世(在位一五一三~四二)が一歳で即位した。こうしてみると、スチュアート朝において、幼年で即位した王のなんと多いことだろうか。前例どおり、ジェイムズ五世も成人するまでは摂政に政治をまかせていたが、成人後は自らが表にたち親政を開始した。一五三七年にフランス国王フランソワ一世の娘マドレーヌとパリで結婚式を挙げるもその後すぐにマドレーヌは死亡したので、その翌年、フランスの貴族ギーズ公クロードの長女マリーと結婚した。ジェイムズ五世は、ヘンリー八世の甥でありイングランド王室とは親戚関係ではあったのだが、どちらかといえばフランスとの古い同盟の方を重視していたともいえる。言い方をかえるなら、スコットランド王家がイングランドに取り込まれることで傀儡政権となり、ウェールズやアイルランドのような属国となることへの懸念というものがあった。

逆に、当時政治的にも宗教的にもヨーロッパで孤立気味であったイングランドは、なんとかスコットランドに接近して傀儡政権を樹立しようとしていた。一五三四年には国王至上法を発布して、イングランドにおけるローマ・カトリックからの離脱を宣言したヘンリー八世であるが、彼はスコットランドも同様にカトリックから離脱することを望んだ。そこで、甥のジェイムズ五世に対し、自分たちと同様にローマ・カトリックを離脱することを要求したが、ジェイムズ五世がそれを拒否したためヘンリー八世はスコットランドに侵攻した（一五四二年のソルウェイ・モスの戦い）。結果はスコットランド軍の完全敗北であり、多くのスコットランド貴族が捕虜となった。身代わりの人質を差し出したり、お約束の身代金をもって彼らは釈放されたが、その帰還をよく思わないスコットランド貴族たちとの対立も生じた。

そもそも、人質釈放はスコットランド財政を圧迫する取引であるだけでなく、解放された貴族たちがイングランドの手先となっている可能性もあったからである。実際、スコットランドの弱体化と、イングランドの強大化を目《ま》の当たりにしたスコットランド貴族のなかには、イングランドと融和すべきだと主張する有力貴族も増えたわけで、これ以降、スコットランドの宮廷はさまざまな貴族の勢力争いの場となってしまう。

第二節　揺れるスチュアート朝

母マリーの苦悩

イングランドの政治的圧力に押され気味であったなか、スコットランド王を務めたジェイムズ五世は妻との間に二男一女をもうけるも、男児二人はすぐになくなってしまう。残りの一人娘メアリ・スチュアートが結果的にのちのスコットランド女王となるのであるが、その運命は悲しき結末をたどるものであった。

火種はすでに、メアリが生まれる前にくすぶっていた。ジェイムズ五世はスコットランドの中級貴族アースキン家（一五六五年にはマー伯）の娘マーガレットとの間にジェイムズ・スチュアート（一五三一～七〇）をもうけていたが、しかし、フランスとの結びつきを強化するために、フランスの名門ギーズ家の娘、マリー・ド・ギーズと結婚した。この時点で、ジェイムズ・スチュアートは庶子扱いとなってしまう。のちにこの異母兄は、妹であり女王のメアリに重用されてマリ伯となり、政治的実権をふるうのであるが、しかし、その後はイングランド（エリザベス女王）とひそかに連絡をとりあって反乱を起こすなど、その姿勢は面従腹背であった。しかし、火種はそれだけではなかった。

前述のとおり、ジェイムズ五世は一五四二年ソルウェイ・モスの戦いで死去するのであるが、その間際に王女メアリ・スチュアート（在位一五四二〜六七）が誕生し、彼女はすぐさま即位した。この生まれてまもない女王をサポートすべく、スチュアート一族のアラン伯ジェイムズ・ハミルトンが摂政となったが、このアラン伯は翌一五四三年にヘンリー八世の息子エドワードとメアリの婚約を進めようとするなど、親イングランド的な姿勢をみせ、周囲はその動向に疑念の目を向けるようになった。

こうした経緯もあり、アラン伯を解任し、政治的手腕を振るおうとしたのが、未亡人となった、女王の母マリーであったが、当時のスコットランド宮廷は次のように、非常に混迷を極めていた。

・イングランドと通じている親英派貴族の暗躍
・フランス出身もしくは親フランスのカトリックである貴族の勢力拡大
・ローマ・カトリックおよびその影響下にあるフランスなどのカトリック国を嫌悪する改革派プロテスタントのジョン・ノックスとその信奉者たちの擡頭《たいとう》（ノックスの宗教改革については第五章第三節を参照）

この三番目には、改革派プロテスタントの擁護者を気取りながら、国内のカトリック勢力の財産・土地の収奪を狙い、ひいては政治的実権を奪おうとする国内勢力も含まれていた。

このようななか、マリーは娘メアリをフランス皇太子フランソワ（のちのフランソワ二世）と婚約させるため、そして物騒なスコットランド貴族たちから娘の身を守るため、イングランド王エドワード六世との婚約を一五四八年に破棄し、その年に急いでフランスへ向けて娘を旅立たせた（メアリがフランソワと結婚するのは一五五八年）。王位は娘メアリにあったが、母マリーは摂政として国内を治めようとする。しかし、一五五九年にはジョン・ノックスの信奉者たちが暴動を起こし、それを支援するプロテスタント貴族が武装蜂起した。

反乱を鎮圧するため母国フランスへ援助を求めたマリーであったが、反マリー派の貴族たちはその振る舞いを「スコットランドへ外国勢力を招き入れた」と批判し、イングランドと結託してマリーから政治的実権を奪うべくエディンバラを占領した。

古い同盟の解消

当時、イングランド側には摂政マリーとその娘であるメアリを警戒する十分な理由があった。ローマ・カトリック的な考え方では、イングランド女王エリザベス一世は庶子扱いであるため（父王ヘンリー八世がカトリックにおいて禁止されている離婚を強行し、二番目の妻との間にもうけたという経緯があるので）、チューダー家の血統であるジェイムズ五世の娘メアリ・スチュアートこそがイングランドの正統な王位継承者であるという見方が根強かった。ゆえに、スコットランドがカトリック国のままであるとイングランドには都合が悪く、フランスとの関係を断ち切らせるためにもスコットランド貴族を懐柔し、スコットランドにおいてもイングランドと同様の宗教改革が断行され、カトリック勢力が排除される必要があった。

そして、実際、スコットランドはカトリックを離れることとなった。一五六〇年にはスコットランド議会はカルヴァン派長老主義（プロテスタンティズム）の信仰告白を採択し、ローマ教皇の管轄権の撤廃、カトリック教会の財産没収などを決定づけた（もっともこの議会は国王の参加・承認もなく、正式な議会と呼べるものではなかったので、のちに問題視されることもあった）。またこの年、スコットランドのプロテスタント貴族たち（各教会の独立的自治を推奨する「会衆派」）とフランス国王フランソワ二世（メアリ・スチュアートの夫）、そしてエリザベス女王との間で「エディンバラ条約（Treaty of Edinburgh）」が締結され、スコットランドとフランスとの「古い同盟」が破棄され、「スコットランドとイングランドとの同盟」に置き換えられた。

こうして、ローマ・カトリック、およびフランスとの結びつきが断ち切られてゆくスコットランドであったが、しかし、それは必ずしもイングランドへの屈服へと傾くものではなかった。摂政マリーとその母国フランスとの蜜月関係からスコットランドがフランスの植民地となることへの懸念が強かったからといって（事実、マリーはフランス人を宮廷に招きいれて高官に任命していた）、イングランドと仲良くするかどうかは別の問題である。もちろん、反カトリックという点では共通しているし、協力する必要はそれなりにあったが、これまでの経緯もあり、距離をとる必要もあった。この点ではスコットランド貴族たちもなかなかの曲者ぞろいであり、イングランドと協力しつつも、牽制《けんせい》し、いざというときにはイングランドへの内政干渉すらも目論んでいた。そして、マリーの娘メアリはそのキーパーソンともいえる人物であった。というのも、いざというとき、イングランドに対して王位継承権を主張できる切り札であり、そしてそれをローマ・カトリックとその勢力がサポートしてくれるという目論見もあったからである（そのため、フランスとの蜜月は解消しても、敵対関係に立つことはなかった）。つまり、スコットランドはプロテスタント国家となりながらも、イングランドとのつかず離れずの関係のもと、微妙な政治的バランスを維持しようとしていたのであった。

しかし、こうした情勢は、新たにスコットランド女王となっていたメアリ・スチュアートにとっては望ましい状況ではなかった。一五六〇年、夫であるフランス国王フランソワ二世が若くして逝去したため、メアリは翌一五六一年にスコットランドへ戻ってきた。しかし、すでに前年にカルヴァン派長老主義の信仰告白を正式に採択したスコットランド貴族たち、とりわけ、宗教改革の立役者ノックスからの激しい非難にさらされた。

フランス出身の母をもち自身もフランス王宮にてカトリック教徒として育ったメアリは、スコットランド国内に残っていたカトリックを無下にすることもできなかった。とはいえ、いまさらプロテスタントを排除することはできず、折衷《せっちゅう》策として、カトリックに寛容な政策をとりながらスコットランド国内におけるカトリックとプロテスタンティズムの融和をはかろうとしたが、カトリック貴族たちからするとそれは期待への裏切りとなり、不満を募らせ反乱をおこす者もいた。同時に、イングランドのエリザベス一世は、自身の王位継承を脅かす目の上のタンコブとして、反メアリ派のプロテスタント貴族たちと結託してメアリをスコットランド女王の座から引きずり降ろそうと暗躍していた（メアリの異母兄のマリ伯はそれに荷担していた）。

また、若くして未亡人となったメアリには、自分の次の王位継承者を用意するという重荷を背負っていた。ゆえに再婚相手探しもまた重要な政治的課題であったが、ここでもいろいろな制約があった。フランスやスペインのカトリック国の王侯貴族が再婚相手となると、プロテスタンティズムとして安定していたスコットランド国内情勢が混乱をきたしかねないし（お隣イングランドにおけるブラッディ・メアリの治世下のように）、再度フランスとの結びつきが強くなると、隣国イングランドに警戒心を抱かせてしまう。しかし、イングランドの王侯貴族と再婚してしまうと、イングランドによる政治的介入はますます強くなり、スコットランド貴族たちはその立場を失いかねないので猛反撥が予想される。そうすると、スコットランドのプロテスタント貴族こそが最適解ということになる。

しかし、メアリが再婚相手に選んだのはカトリック教徒のダーンリー卿ヘンリー・スチュアートであった。ヘンリーは、メアリの父ジェイムズ五世の（異父）妹マーガレット・ダグラスの息子であり、メアリにとっての従弟《いとこ》であった。ダーンリー卿はカトリックであったためにメアリからすると安心できる相手であったのだろうが、周囲は当然この結婚に反対した。また、彼はチューダー朝の王位継承権をもってもいたので、同様に王位継承権をもっているメアリと一緒になることは、イングランドの王位継承権がスコットランド側にあるというメッセージとなったので、エリザベス女王もこの結婚を危険視していた。いずれにせよ、この選択は、女王メアリを引きずり降ろそうとする動機づけを各方面へと与えるものであった。

揺れる女王

周囲の反対を押し切って結婚したメアリとダーンリー卿であったが、二人の結婚生活は思ったよりもうまくいかなかった。ダーンリー卿は名誉欲・権力欲の塊でもあって、すでにオールバニ公に叙されていたのだが、メアリとの共同統治に固執していた。次第に愛は冷めてゆき、メアリはイタリア人の秘書兼音楽家であるデイヴィッド・リッチオとの仲を深めていった。当然、面白くないダーンリー卿は、メアリの妊娠中の一五六六年、数人の貴族たちをつかってリッチオを拘束し、メアリの前で殺害するという事件を起こした（ダーンリー卿は、メアリのお腹の子の父親がもしかするとリッチオではないかと疑念を抱いていた）。

無事にメアリは男児を出産したものの（それはのちのスコットランド王ジェイムズ六世で、イングランド王ジェイムズ一世となる男の子であった）、夫との結婚生活はさらに冷え切ったものとなった。

そんななか、事件は突然起きた。息子ジェイムズが生まれた翌年の一五六七年、カーク・オ・フィールド教会にてダーンリー卿が暗殺されてしまったのだ。そして、犯人不明のまま、その数日後、メアリはスコットランド貴族ボスウェル伯ジェイムズ・ヘップバーンと再婚を宣言し、約三か月後に結婚式を挙げた。タイミングの良さもあり、メアリとボスウェル伯はダーンリー卿暗殺の共犯者として、カトリックとプロテスタント、両派閥から非難され、次第に人心も離れてゆくこととなる。

反メアリ派であったプロテスタント貴族たちは、その年のうちに、モートン伯ジェイムズ・ダグラスを中心とした「同盟貴族」として蜂起した。メアリ軍はそれと戦うも敗北し、メアリは投獄されてしまう。そして強制的に退位させられ、同盟貴族たちは息子ジェイムズ六世（在位一五六七〜一六二五）を王座につけてしまった。その翌年の一五六八年、メアリは獄中から脱走して蜂起するも、再度敗れ、今度はイングランドへ逃亡した（夫のボスウェル伯はノルウェーに漂着し、デンマークに移送されそこで獄死した）。

こうしたクーデターはプロテスタント貴族が主体となったものであり、のちの国民盟約(National Covenant）に至るべく、宗教的団結の土壌を形成したという解釈もできるが、その内実は政治的な実権の奪い合いであったといえる。

悲運の果てに

この反乱にはさまざまな貴族がかかわっていたが、なかにはメアリに対する裏切り者ともいえる面子《メンツ》もふくまれていた。イングランドと内通し、かつて反乱を起こしたが、それでも赦された異母兄マリ伯ジェイムズ・スチュアート、先祖が失った爵位をメアリによって回復してもらい枢密顧問官に任命してもらったマー伯ジョン・アースキン、プロテスタントでありながらもカトリックのメアリから大法官の官職を与えてもらったモートン伯ジェイムズ・ダグラスなど、彼らはメアリへの恩義を感じてそれに報いてしかるべきであったのに、こともあろうに反乱を起こし、メアリを王座から引きずり降ろした。その裏切りの報いゆえか、野望半ばにして命を失ったものもいる。

マリ伯はかつて反乱を起こしたときにボスウェル伯に鎮圧されており、メアリによって赦されて亡命先イングランドから国内に戻ったもののボスウェル伯を恨んでいた。そして、クーデター成功によってその恨みをはらし、政治的実権を握ると思われたが、その矢先、一五七〇年にメアリ支持者によって暗殺されてしまう。

マー伯は一五七一年にメアリの息子ジェイムズ六世の摂政に就任したが、翌年体調を崩して死亡する。

摂政となったモートン伯ジェイムズ・ダグラスはメアリ派を徹底的に排除し、そしてイングランド国教会の監督制を導入するなど、イングランドの威をかりた強硬政策を行ったが、カルヴァン派長老主義のジョン・ノックスらからの支持を失い（ノックスは「宗教は政治権力から離れるべきだ」と考えていたので）、周囲からも見放されて摂政を解任された。その後、ジェイムズ六世の寵臣《ちょうしん》でレノックス公エズメ・スチュアート（メアリの二番目の夫でジェイムズ六世の父ダーンリー卿の従兄弟）の計略により、ダーンリー卿暗殺の罪を着せられて一五八一年に処刑されてしまう。

その後摂政となったカトリック貴族のレノックス公であったが、カトリック擡頭を懸念したプロテスタント貴族たちが起こした一五八二年のリヴェン拉致《らち》事件（ジェイムズを一年近くリヴェン城に「懇願」という形で半ば強制的に軟禁した事件）の際、他のカトリックの寵臣ともども王宮から追放されてしまった（レノックス公はフランスへ逃亡した）。およそ一年程度監禁されていたジェイムズは脱出し、自身を監禁したプロテスタント貴族たちを断罪し、スコットランド国王として親政を開始した。

では、国を追われた女王メアリはどうなったかといえば、仇敵《きゅうてき》エリザベス女王のもとに身を寄せて軟禁されていた。手紙は書けるなど比較的自由を許される身ではあったが、それを利用し、エリザベス廃位の陰謀に荷担するなどしたようで（あるいは利用されていたようで）、一五七〇年のリドルフィ事件、一五八六年のバビントン事件などに関与した証拠がみつかり（とはいえ、その関与にも疑問の余地があるのだが）死刑が宣告され、短いながらも波瀾万丈な人生の幕を閉じた。幼少期に女王となり、国を追われてフランスで結婚し、国へ戻ってくると敵だらけで、自身の再婚はことごとく非難され、そしていずれも失敗に終わり、国を再度追われて流れ着いたところでまたもや政治的陰謀に巻き込まれて処刑される、というその悲劇的運命は多くの人の同情を呼んだ。

第三節　同君連合の時代へ

敵だらけのイングランド

目の上のタンコブであるスコットランド（元）女王メアリ・スチュアートを処刑したイングランド女王エリザベス一世であったが、当時のイングランドはそれで安心できる状況ではなかった。海外進出を果たしてはいたが、そうであるがゆえに植民地政策での他国――スペイン、ポルトガル、フランス、イタリア諸邦などのカトリック国――との間でトラブル続きであった。とりわけ、スペインとの間には、スペイン商船を襲っていたイングランドの私掠《しりゃく》船の問題、オランダ人の反乱をイングランドが手助けし、スペイン領からネーデルラント連邦共和国が独立するきっかけとなった八十年戦争（一五六八～一六四八）などの問題があり、緊張状態にあった。そこにメアリ・スチュアートの処刑が新たな燃料として投下された。エリザベスの前のイングランド女王メアリ一世（ブラッディ・メアリ）の夫であったスペイン王フェリペ二世は、結婚時にはイングランドの共同統治者を名乗っており、形式上はイングランド王とスペイン王の両方を兼ねていたのであった（ただしその在位はメアリ一世との結婚期間のみという取り決めであった）。メアリ一世なきあとの後継者を指名する権限はないものの、元イングランド王として、エリザベスの王位継承権を認めることはなく（建前上、カトリックの教義のもとではエリザベスは庶子扱いなので）、また、処刑されたメアリ・スチュアートのイングランド王位継承権を主張していたため、エリザベスが行ったメアリの処刑は、不当な王位簒奪でしかなかった。そしてローマ教皇をはじめ、その影響下にあったカトリック諸国も同様の判断を下しており、国際的にはイングランドは孤立した状態に陥っていた。

そのような情勢のもと、一五八八年にスペイン側がしかけたのがアルマダの海戦であったが、イングランド側の奮闘——海賊あがりのドレーク船長の活躍など——もあり、無敵艦隊といわれたスペイン海軍は大損害をこうむった。こうして、海洋大国となる足掛かりを得たイングランドであったが、しかし、対スペイン関係はその後のネーデルラント対策などでも膠着《こうちゃく》状態が続き、結局、一六〇四年のロンドン条約にて、一連の英西戦争は幕を閉じた。世界史的には、アルマダの海戦を含むイングランドとスペインとの争いは「英西戦争」（一五八五〜一六〇四）として、イングランドによるネーデルラント派兵にはじまり、一六〇三年のジェイムズ一世（メアリ・スチュアートの息子であるスコットランド王ジェイムズ六世）の即位後の一六〇四年ロンドン条約に終わるものとされる。

さて、孤立するイングランドをなんとかもちこたえさせてイギリスの栄光を世界に知らしめた女王エリザベスであったが、その後は国内の混乱もあり人気は低迷し、また、結婚もしておらず、結局、後継者を残すことも指名することもなくこの世を去った。

エリザベスの死期を悟り、後継者選定に動いていた秘書官ロバート・セシルが目を付けたのが、悲運のスコットランド女王メアリ・スチュアートの忘れ形見であるスコットランド王ジェイムズ六世であった。ジェイムズは母メアリを処刑したエリザベスと同盟を結びつつデンマーク王女と結婚したが、そこで生まれた実の娘にエリザベスという名前をつけるほどに恭順の姿勢を示していた。彼としては軍事力の差があるイングランドを敵に回したくはなく、また、次のイングランド王位が手に入るのでエリザベスに従うメリットがあったのだろうし、イングランド側からすると、王位継承のトラブルを回避し、フランスとの距離も近いスコットランドを敵に回さないためにはスチュアート朝を引き入れるメリットが大きかったのだろう。

エリザベスの死期が近づくなかでジェイムズはイングランド側と交渉を重ね、一六〇三年、イングランド王ジェイムズ一世として戴冠した(在位一六〇三～二五)。こうして、イングランドとスコットランドは同君連合(王冠連合)となり、ジェイムズ一世が「グレートブリテンの王」を名乗ることになった。イギリスの絶対君主がここに誕生したともいえる。

絶対君主の背景

ジェイムズは、母メアリ・スチュアートを王座から引きずり降ろしてイングランドへ(ひいては死へ)追いやったスコットランドのプロテスタント貴族たち、そして、それを疎《うと》ましく思うカトリック貴族たちとの政争に巻き込まれ育った。幼少期、彼はスターリング城にて理想的なプロテスタント君主になるべく、人文学者でプロテスタントのジョージ・ブキャナンによって教育された。ブキャナンは、ラテン語やギリシア語、それにカルヴァン主義の神学理論などを叩きこみ、その甲斐《かい》あって、ジェイムズは才覚ある人文学者となった。代表的な著作には、魔女裁判事件を題材にした『悪魔学』（一五九七）があるが、それはプラトンを彷彿《ほうふつ》とさせる対話篇でつづられており、スコラ的な分類と整理がそこでは駆使されている。

ただし、ジェイムズはカルヴァン派の教義そのものを受け入れたわけではなく、むしろ、それを拒絶するかのような姿勢をみせた。長老主義に対するジェイムズの冷淡ともいえる態度を醸成したのは、おそらくは幼少期にそれに振り回された体験からであろう。ジェイムズにとって、スコットランドの長老派は女王であり母であるメアリを追い出し、幼少期には洗脳まがいにプロテスタンティズムを押し付け、リヴェン事件では王である自身を監禁した不逞《ふてい》の輩《やから》であった。だからこそ、彼は、特定の派閥が幅をきかせるような政体を拒否し、王こそが宗教的、政治的トップとして国を引っ張ってゆくシステムを望んだといえる。ジェイムズは王権神授説で有名な専制君主として歴史の教科書で紹介されがちであるが、そこには、その生い立ちゆえに、自身に干渉してくる貴族たちへの嫌悪感があった。

プロテスタント貴族に監禁されていたジェイムズは、リヴェン城から翌一五八三年に脱出し、すぐさまその張本人であるガウリ伯ウィリアム・リヴェンを処刑し、翌年親政を開始した。その方針は、ジェイムズを敬虔な長老主義にすべく熱心に教育した周囲の期待に反し、その憎き長老主義を抑えるものであった。親政はじめの一五八四年、すぐさま「暗黒法（ブラック・アクト）」によって、国王をトップとした「監督制」という主教制度を確立し、国王を批判する説教を禁止するなどの強硬政策を打ち出したのである。

ジョン・ノックスがスコットランドに導入した長老主義は、カルヴァン派にある「会衆を導く賢者としての長老」が、政治的権力と独立的に教会運営を行うことを目的としたものであり、ゆえにその長老は国王や国王が指名した大主教に任命されるわけではなく、会衆のなかから推《すい》薦《せん》されるというボトムアップ式のものであった。そして、国王権力の増大を懸念したスコットランド貴族もそれに同調しつつジェイムズに請願したため、この暗黒法はしばらくのちに撤回され、一五九二年には「黄金法（ゴールデン・アクト）」によってプロテスタントたちの集会の自由が認められたりもした。しかし、ジェイムズはその後『自由なる君主制の真の法』（一五九八）や『王の贈り物』（一五九九）などを執筆し、神の代行者としての王こそが宗教的かつ政治的なリーダーとして民を導くべきとする、イングランド国教会的な監督制を念頭に置いた専制君主的な思想を展開した。

母王メアリが追放され、自身もプロテスタント貴族の傀儡となった幼少期を送ったということを考えれば、強固な王制をジェイムズ自身が望んだことは不思議ではない。母メアリはカトリックであったが宗教的寛容さも持ち合わせており、ゆえに自身を攻撃するプロテスタント勢力を野放しにしすぎて、そこを政敵につかれた節もある。もちろん、だからといって、いまさらスコットランドをカトリックに戻すことはできない。一五六〇年の宗教改革議会でのスコットランド信条の採択、一五六七年の教会総会でのスコットランド信条の確認など、スコットランド国内においてプロテスタンティズムの正当性は確立されており、それをひっくり返すことはもはや現実的ではなかった。

そうしたなか、ジェイムズが行ったイングランド的な監督制の導入には三つの利点があった。それは、①一応はプロテスタンティズムの容認であるため、法的には正当なものであること、そして、②反カトリックであることを証明するという点で、イングランド側を安心させるものであったこと（エリザベスの王位継承権を認めないローマ・カトリックとは立場を異にするということを証明することには大きな意義があった）、そして、③イングランド王位継承者である自分自身が政治および宗教のトップとなれる監督制は、かつての母王のように足元をひっくり返されることを未然に防げる、というものであった。

おそらくであるが、ジェイムズがここでやみくもにスコットランドのプロテスタントの弾圧に踏み出さなかったのは、この時期にはすでに次のイングランド王が自分であることを意識しており、監督制であるイングランドの国王となれば自身の政治的地位がいまより強固になることと、そして、イングランド王になったあとで、その政治的・軍事的力を背景にスコットランドのプロテスタント貴族を支配する方が確実であると判断したのであろう。このように考えると、よく世界史で紹介される「王権神授説を唱えたわがまま国王ジェイムズ」というのも、決して能天気な威張り屋ではなく、自身の立場と可能性を考慮しながら、いろいろと画策していた思慮深い王であることがわかる。

同君連合成立

さまざまな思惑が渦巻《うずま》くなか、イングランド王エリザベス一世の死去をうけ、一六〇三年にイングランド王に即位したスコットランド王ジェイムズであったが、それまで七〇〇年近く対立していた両国が、同じ君主をいただくということは初めてのことであり、これは歴史の転換点ともいえる事態であった。ただし、両国の政治体制および宗教勢力にはそれぞれの歴史とアイデンティティがあるわけで、その違いを捨象して統合を目指そうとしても反撥は当然生じるものである。ジェイムズもグレートブリテン王を名乗り、イングランドのセント・ジョージ・クロスとスコットランドのセント・アンドリュー・クロスを合わせた旗「ユニオンフラッグ」を一六〇四年に制定するなど、強力な王権のもとでの統一王国を目指したが、さまざまな利害関係や政治的障害がそこにはあり、なにをしてもなんらかの不満が生じてしまう情勢であった。

また、政治家だけでなく、宗教関係者もさまざまな思惑のもとでジェイムズに期待を寄せていた。イングランドのカトリック貴族の思惑としては、スコットランドのプロテスタント貴族に国を追われ、イングランド国教会の長である女王エリザベスに処刑された「カトリックの女王メアリ・スチュアート」を母にもつジェイムズであるので、当然カトリックに対する寛容政策を打ち出すものと期待していた。他方、イングランド国教会から迫害を受けていた清教徒（ピューリタン）たちは別の期待をしていた。清教徒とは、イングランドにおけるプロテスタンティズムが中途半端な改革にとどまっていることに不満をもつ急進派プロテスタントのことであり、国教会の一層の改革（あるいはキリスト教への原点回帰）を求める一派であった。この清教徒にはカルヴァン派も含まれており（実際、イングランドにおいてスコットランド長老派は「ピューリタン」と呼ばれていた）、スコットランド出身で長老主義の教育を受けて育ったジェイムズならば清教徒を保護するのではないか、という期待もあった。スコットランドのプロテスタント貴族からすれば、幼少期に徹底したカルヴァン派の教育を受けたジェイムズであれば長老主義を正統な教えとするはずであった。

こうした複雑な情勢のなか、ジェイムズはいかにグレートブリテンを治めていったのであろうか。

第四節　専制君主の時代

専制君主ジェイムズ

ジェイムズは君主としてその威光のもと、イングランドとスコットランドの両国を治めてゆく必要があったが、その鍵《かぎ》は、宗教上の立場をいかに明確にするか、であった。

そうしたなか、ジェイムズはイングランド王即位の翌年の一六〇四年、イングランドのハンプトン・コートにて各宗派の代表者を招集して会議を開催したが、そこでは最終的に、イングランド国王を首長とする英国国教会の監督制（主教制）を徹底することが決定した。「主教なくして国王なし（No bishop, no king）」という彼の言葉は、国教会体制のもと司教任命権を担った国王の威光を示し、ローマ・カトリックに与《くみ》することのない、国王中心のプロテスタント国家であることを宣言するものであった。

しかし、これは、国教会体制のもと長年抑圧されてきたカトリック、そして、英国国教会の改革を求める「清教徒」（ピューリタン）、さらにはスコットランド長老派の反撥を招くことになる。なかでも、カトリック側が起こした一六〇五年の火薬陰謀事件は、国王暗殺を目論んだ当時の重大テロ事件ともいうべきもので、これ以降、イングランドではますますカトリックへの偏見と迫害が長く続くことになる。一七世紀の思想家としてはリベラルで宗教的寛容の必要性をうたった哲学者ジョン・ロックでさえも、「寛容は大事だが、無神論者とカトリックは別だ」といったくらいであったので、カトリックとは海外勢力と結託したテロリスト予備軍とみなされていたことがうかがえる。

イングランドの清教徒やスコットランドの長老派も同様に、ジェイムズに対し激しく反撥したため、ときに激しい弾圧をうけた。ジェイムズによってカンタベリー主教に任命されたバンクロフトは、国教会スタイルの祈禱書《きとうしょ》の使用と聖公会大綱三九カ条を受諾するよう徹底したが、それを拒否した約三〇〇名のイングランドの清教徒が追放されるなどの憂き目にあった。スコットランドの長老派たちは、ジェイムズが即位する一六〇三年に千人嘆願を提出していたのだが、その要望はことごとく拒絶され、英訳聖書の一六一一年欽定版の発刊のみが認められた（元来、プロテスタンティズムは、母国語への聖書翻訳を推奨する立場であり、この要求はイングランド国教会においても反対する理由はとくになかったので）。

幼少期の体験ゆえか、長老派やピューリタンに対して冷淡なジェイムズ一世は、いよいよ母国スコットランドに対しても監督制の導入を試みるべく、一六〇五年に教会総会の開催を禁止し、翌年にはスコットランド教会の総会議長のメルヴィルをロンドンに呼び出し投獄し、一六一〇年から本格的に監督制を導入した（下部組織には長老制を残すなどの妥協策をとったが）。その後の一六一七年、ジェイムズはホーリールード宮殿のロイヤル・チャペルにイングランド国教会式の祈禱書を導入し、その翌年一六一八年にはスコットランド国内の全教会にパース箇条（監督制を強化する教条）を強制した。下記は、そのいくつかのうちの重要なものである。

- 聖餐《せいさん》式で跪《ひざまず》きサクラメント（第三章第一節参照）を受けること
- イースターとクリスマスの遵守
- 死者への聖餐（レクイエム）の執行

・幼児が生まれた次の日曜日における教会での洗礼

従来のプロテスタンティズムにおいてこれらは重視されておらず、場合によっては禁止すらされていたが、カトリック的要素を残したイングランド国教会はこれらを重視した。これは、厳格なプロテスタンティズムであったスコットランド長老派たちにとっては受け入れがたいものであったし、また、カトリックからしても、カトリック的要素を残しておきながら、ローマ教皇の権威を拒絶し、イングランド国王がその座に成り代わるその方針はとうてい容認できるものではなかった。

こうしたジェイムズのやり方は、ひそかにその王制のもとで復権を期待していたカトリック教徒、そして、スコットランド出身であるがゆえに自分たちの力になってくれると思っていたイングランドの清教徒やスコットランドの長老派（いわゆる改革派教会）などのすべての期待を裏切るものであった。結局のところ、そのやり方はイングランドとスコットランドの対立を解消することなく、両国の溝はそのままであったし、スコットランドからするとイングランドはあいかわらず——いや、それどころか宗教的事柄にすら——自国への干渉を試みる危険な隣人となってしまった。

しかし、イングランド王となって以降はスコットランドへ戻ることがなかったジェイムズではあったが、スコットランドを無視していたわけではなく、その平穏を願っていた節もある。

たとえば、一六〇三年、ハイランドのマクレーガー氏族が、コフーン氏族の人々二〇〇人以上を虐殺《ぎゃくさつ》し、六〇〇頭の牛と八〇〇頭の羊、そして二〇〇頭の馬などを略奪した「レノックスの虐殺」に対し、ジェイムズは翌年にはその族長らを処刑し、土地を没収するなどした（マクレーガー氏族は散りぢりになった）。ちなみに、ウォルター・スコットの歴史小説『ロブ・ロイ』（一八一七）に出てくる主役のロバート・ロイ・マクレーガー（一六七一～一七三四）はこの一族の末裔《まつえい》であり、ジャコバイトの乱（第四章参照）にも参加したハイランドの英雄である（本業は牛のトレーダーであるが、金銭問題で貴族と対立して逃亡生活をするはめになり、アウトローとして生きた人物である）。

敵だらけ？　のチャールズ

一般的に、イングランド王としてのジェイムズ一世といえば、「王権神授説を唱えた専制君主」「グレートブリテンの君主を自称した成り上がり」「母メアリの非業の死と幼少期の不遇からの逆転人生」といったイメージが強いだろう。ただし気を付けるべきは、その同君連合時代でさえ、幼少期と同様、ジェイムズは微妙な立ち位置にありつつ、それを意識した選択をしていた、という点である（それが正解だったかどうかはともかく）。

そもそも、ジェイムズがイングランド国教会の首長として監督制を徹底したのには、イングランドに担がれた雇われ国王として、はっきりとした姿勢をみせることで、とにかく国内のイングランド国教会派の貴族たちを味方につけたかったという事情があったことだろう。このことは、エリザベス時代の戦争の赤字が積みあがっていたにもかかわらず、監督制に賛同的な貴族に惜しみなく恩賜《おんし》を与えたことなどからもうかがえる。しかし、同君連合の君主としての威光を示すための散財と自身の妻の浪費癖ゆえ、一連の振る舞いは一層の財政難を招いたこともここでは付言しておこう。こうしたなか、新たに課税をしようとしても当然議会が反対するわけで、そこで議会をとおすことなく国王大権により商人に課税するなどしたため、ますます反撥がつよまった（貴族たちはお抱えの商人たちからまわってくるお金が減ってしまうので）。

ジェイムズが残したそうした財政難と、イングランドとスコットランドの対立構造は、その息子チャールズ一世（在位一六二五〜四九：以下チャールズ）に引き継がれ、いよいよ歴史的大事件が起きてしまう。

チャールズは父ジェイムズがまだイングランド王ではなかった時代に生まれた。つまり、スコットランド生まれの王子であった。ジェイムズがイングランド王に即位した一三年後の一六一六年、次期イングランド国王である王太子が授かる「プリンス・オブ・ウェールズ」を叙位された。父の死去をうけ一六二五年にイングランド王位につくや、カトリック国であるフランス国王アンリ四世の娘（そしてルイ一三世の妹）ヘンリエッタ・マリア・オブ・フランスと結婚したことは、イングランドおよびスコットランドのプロテスタントたちに強い懸念を抱かせた。また、そのヘンリエッタ・マリアはイングランド国教会での戴冠式を拒否したこともあり、チャールズの人気も次第に下がってゆく。このスコットランド生まれの新国王に対し、イングランド国民は「もしかして、イングランドを再度カトリックに戻そうとしているのか？」という疑念の目を向けるようになる。

対外政策も非常によくなかった。父ジェイムズは周辺国と和平を結んでいたが、チャールズは一転してスペインとの英西戦争（一六二五〜三〇）に踏み切るも戦果は芳《かんば》しくなかった。その後、国外プロテスタントとの連携を強めようとオランダと同盟を結び、フランスのユグノー（カルヴァン派）支援にまわるも（つまりユグノーを排除しようとするフランスに敵対的な行動をとるも）、その成果も芳しくなかった。とりわけ、チャールズの妻ヘンリエッタ・マリアの兄でフランス国王ルイ一三世が携わっていたユグノーとの内戦「ラ・ロシェル包囲戦」では、ユグノー救助に派兵するも大敗し、同じプロテスタントであるユグノーもろくに救えず、戦費を浪費したかどで評判を落とし、さらに課税や公債などでそれをまかなおうとするチャールズとその側近バッキンガム公ジョージ・ヴィリアーズに対し、議会は大いに不満を募らせていた。

一六二八年に特別税めあてで招集したイングランド議会では、エドワード・コークらによる「権利の請願」（Petition of Right）が提出された。これが法案ではなく請願として提出されたのはコーク側がより穏便に済ますつもりであったのだろうが、これに不満を抱いたチャールズは議会を停止、翌年に再開するも折り合いがつかず解散した。権利の請願は、課税同意権や法の適正手続きといった、イングランドにおけるマグナ・カルタ（大憲章）と法の支配の再確認であったが、スコットランド出身のチャールズが本当にその重要性を理解していたかといえばそれは疑わしい。

チャールズは議会を解散し、反対派の声を抑圧しつつも、一六二九年にフランスと、その翌年にスペインと和睦《わぼく》を結び、かさむ戦費の抑制に努めた。しかし、リーダーシップが問われる局面であったとはいえ、反対派をむりやり拘束し裁判にかけるなど、イングランドのコモンロー（歴史的なつみ重ねのもとで法的効力をもった慣習）による法の支配を無視するかのようなその強硬姿勢は、議会派を中心とした多くの貴族たちの反感をかった。この時期、イングランド国王としてのチャールズは表向きは怖い者なしの専制君主であったが、実質的にはかなりの綱渡り的な政治的選択をしていたようにもみえる。

Column 歴史を変えたジェイムズ四世？

スチュアート朝は、さまざまな名君が登場するスコットランドの黄金期でもあると同時に、幼王の誕生により摂政が実権を握り、さまざまな派閥が対立するような混乱期でもあった。そのさなか、悲劇の女王メアリ・スチュアートの忘れ形見であるジェイムズが、スコットランドとイングランド両国の王として君臨したこの時代は、のちの両国合併、すなわちグレートブリテン王国誕生の芽生えともいえる時代であった。

さて、スコットランドといえば、「スコッチウイスキー」が有名であるが、このスチュアート朝時代には、それが王室御用達《ごようたし》のような形で作られていた。ウイスキーの語源はゲール語の「ウシュケバー」（生命の水）であるが、当時は、公的にはラテン語の「アクアヴィテ」（同じく「生命の水」の意）と呼ばれ、王命のもと貴重な薬用酒として扱われ、限られた人しか製造・販売が許されなかった。一四九四年のスコットランド王ジェイムズ四世の財務帳簿『スコティッシュ・エクスチェッカー・ロール（ズ）』には、「アクアヴィテをつくるための八ボル（約五〇〇キログラム相当）のモルト（麦芽）」が托鉢《たくはつ》修道士のジョン・コーに渡されたと記されている。また、そのジェイムズ四世は、エディンバラの理髪外科医ギルド（the Guild of Barber-Surgeon）にアクアヴィテの製造と専売を許可していた（当時の理髪外科医ギルドは製薬・調合・処方などに加え、外科医術を専門とする職人ギルドであった）。

彼は、当時のキリスト教社会においてはときに異端扱いされかねない錬金術師を宮廷に招いており（ゆえに、当時のアクアヴィテは錬金術的な薬用酒と考えられる）、相当にリベラルな人物であったが、英語もゲール語も堪能な知識人でもあった。この名君ジェイムズ四世がイングランド王ヘンリー七世の娘（ヘンリー八世の姉）と結婚したことが、ヘンリー八世なきあと、イングランド王家チューダー朝の後継者争いに孫娘メアリ・スチュアートを巻き込む結果となり、そして、曽孫《ひまご》のジェイムズ六世をイングランド王（ジェイムズ一世）の座につけることにもつながるとは、さすがのジェイムズ四世も想像していなかったことであろう。つまりは、スコットランドがイングランドと同君連合となりグレートブリテン化してゆく種は、一五世紀にすでにまかれていたということになる。

第三章　グレートブリテン成立前夜——市民革命期

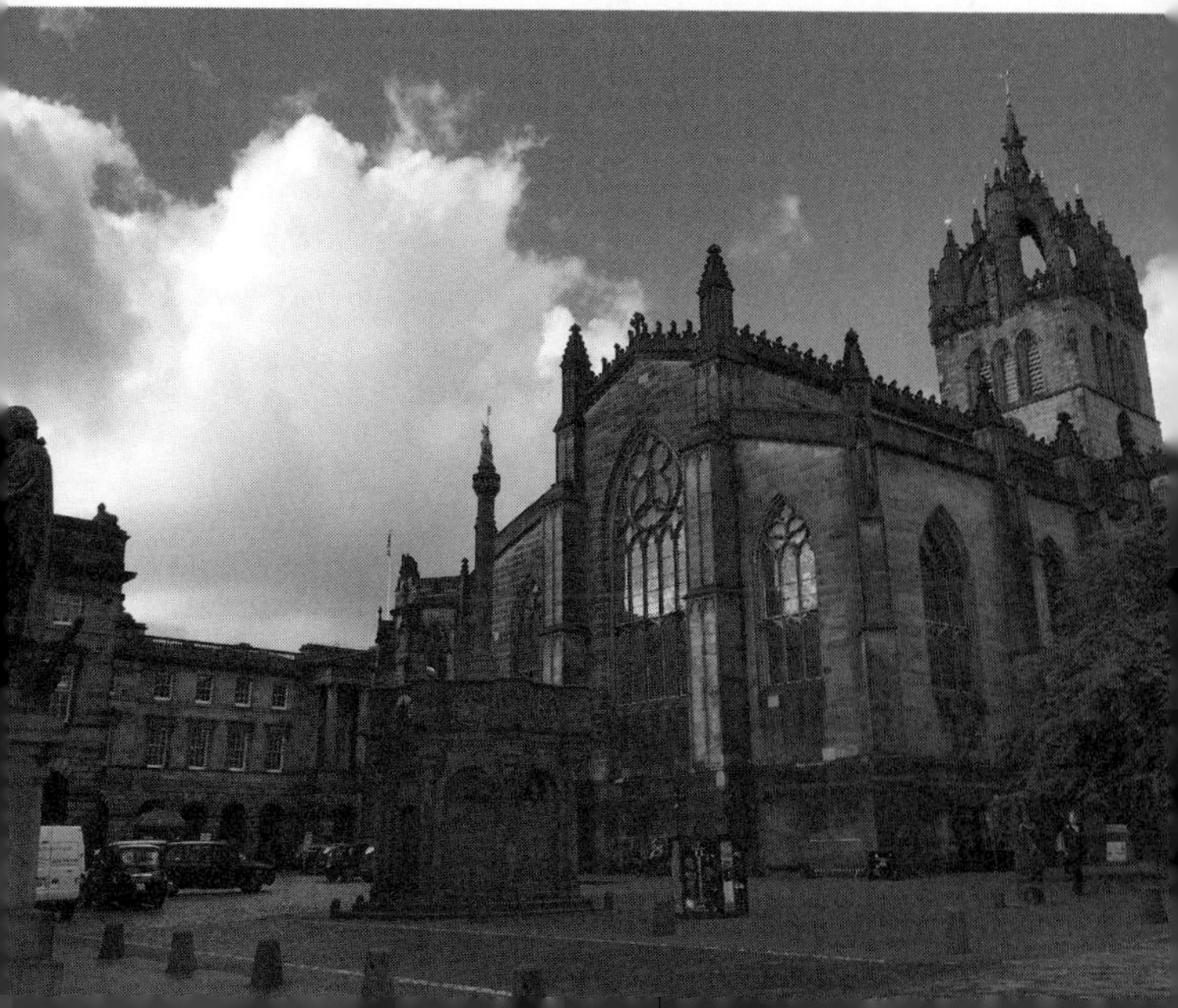

第一節　主教戦争から市民革命へ

宗教の押し付け

イングランド国王としてのチャールズ一世がその威光を取り戻すには、イングランド国民や貴族の支持をてっとりばやく取り付ける政策が必要であった。それは、イングランド国教会の監督制をカトリックのアイルランドや長老制のスコットランドに定着させ、その両国をコントロールすることである。そうすることで、反乱の芽を事前に摘みやすくもなるし、なにより、宗教的権限を握ることでスコットランド・アイルランドの諸教会の財産をものにできる。

チャールズは反カルヴァン主義をとっており、これはスコットランドのカルヴァン主義長老派はもちろんのこと、イングランド国内のピューリタンに対して敵対的であったことを意味する。それを示すのが、一六三三年のウィリアム・ロードのカンタベリー大主教就任であるが、チャールズが寵愛したこのロードは、イングランドの清教徒がよってたつカルヴァン主義と対立するアルミニウス主義をとっていた（彼に因《ちな》んだ一連のピューリタン弾圧は「ロード体制」と呼ばれる）。

アルミニウスはオランダの神学者で、人間の意志の自由を肯定的にとらえるリベラルな神学を掲げ、カルヴァン派とは対極の人間観・世界観であった。カルヴァン派は神の全能とは対称的に、全人類の堕落と無力（全的堕落・全的無能性）、そしてあらかじめ神によって定められた限られた人の救済といった限定的贖罪《しょくざい》がその教義であったが、これに対するアルミニウス主義の自由意志論は、全的堕落は認めるものの、個々人の自由意志のもと、全人類の救済可能性を（神の恩寵のもとで）認めていた。それは神から王権を授かった神の代行者イングランド国王の政治的自由意志の尊重、そして、国教会体制下のもとでの信徒の救済という理論的基礎を提供するものであった。

教会改革のもと原点回帰を提唱する改革派教会のカルヴァン主義者からすると、ローマ教皇を頂点とした主教制（監督制）を誇るカトリックはもちろん、そのカトリックと袂《たもと》を分かちつつも同様の主教制を実施しているイングランド国教会も改革の対象であった。カルヴァン主義からすれば神が与えし聖書はそうした代行者は認めておらず（知恵ある長老は認めているが）、人民を救済できるのは人民自身でもなければ教皇や国王でもなく、神それ自身であり、ゆえに既存の教会制度は無意味、もしくは有害ですらあったからである。これに対し、反カルヴァン主義のロード体制は、イングランド国教会の主教制を擁護するものであり、こうした事情により、改革派であるイングランドのピューリタン、そしてスコットランドのカルヴァン派長老主義は次第に抑圧・弾圧されてゆく。

チャールズはスコットランドに対しても、イングランド国教会の共通祈禱書を使用し、礼拝も国教会式に統一するよう強要した。ここで簡単に、西ヨーロッパの礼拝作法について紹介しておこう。

カトリックのミサは様式が決まっていて、二〇世紀半ばまでは賛美歌はラテン語で歌われ、クライマックスがイエスの血と肉として聖別された葡萄《ぶどう》酒とパンを聖体拝領する（賛美歌の間に、葡萄酒とパンがキリストの血と肉に変化するといわれる。聖体拝領のときには跪く）。他方、一般的なプロテスタンティズムの「礼拝」は、賛美歌は母国語、クライマックスは牧師による説教が中心である。しかし、聖体拝領のやり方についてはプロテスタンティズムでも意見が分かれており、ルター派やイングランド国教会などはサクラメント（神のみえない恩寵が具現化したもので、この場合は聖餐で提供される葡萄酒とパン）を受けるときに「ニーリング」という跪きをするカトリック的作法を継承していたが、カルヴァン派はそれをしていなかった。そしてチャールズは、このニーリングをイングランドやスコットランドの信徒に徹底するよう命じたのである。

しかし、カルヴァン派からすると、聖体拝領における「跪く」という振る舞いは、陪餐者自身が主を崇敬するのではなく、聖別された葡萄酒とパンを偶像崇拝的に崇拝するような化体《かたい》説や、聖別した（世俗から離れた）教会神父への個人的崇拝を意味するものであった。スコットランドのキリスト教も、カルヴァン主義者であるジョン・ノックスの影響を大きく受けていたため、やはりニーリングは忌避されていた。ではどうやっていたかといえば、たとえば、信者が長い聖餐テーブルに着席し、牧師から葡萄酒やパンを預かったら自身の分をとり、それを隣へ渡すやり方や、聖餐卓の近くに立って順に受け取ったり、牧師が葡萄酒とパンをそれぞれの席へ運ぶ、などであった。これをチャールズはやめさせ、自身が任命した主教に跪くよう命じたのである。これは敬虔なカルヴァン派からすれば、神にも成り代わろうとするような不敬なものであった。

国民盟約

こうした国教会形式の作法の強引な押し付けは、多くのスコットランド国民の反撥を招き、一六三七年、長老派の総本山であるエディンバラのセント・ジャイルズ大聖堂にて暴動まで起きてしまう。翌一六三八年二月にはスコットランドの貴族・地主・市民・長老派牧師の代表が集まり、「国民盟約」が起草され、三月二日までの間、その支持者たちがグレイフライアーズ教会に集まり署名した。この「国民盟約」とは、信徒集団としてのスコットランド国民と神との契約を意味する。つまり、旧約聖書におけるユダヤ民族と神との契約のように、スコットランド国民が一つとなり神に帰依《きえ》することで万難を排し、救済を受けるという世界観がそこにある。

一六三八年、長老派教会は一六一八年以来開催されることがなかった教会総会をグラスゴーで開催し、その主旨統一をはかった。そして、翌年にはアレグザンダー・レズリーおよびアーガイル侯アーチボルド・キャンベルが指揮官となり盟約軍が結成された。

これを反乱とみなしたチャールズ一世は、その翌年、ハミルトン侯ジェイムズ・ハミルトンに命じて進軍させ、ベリック・アポン・ツイード（ノーサンバーランドの町）にて両軍はぶつかった。しかし、一丸となった盟約軍に対し、ハミルトン侯率いるイングランド軍は寄せ集めであり、しかもピューリタンの兵士からすると兄弟にも等しい盟約軍に対して士気があがるはずもなく、国王軍は和平を申し入れた（ベリック条約）。これが第一次主教戦争である。

しかし、スコットランド出身のイングランド王であり、グレートブリテンの完全支配を目論むチャールズは、この結果を受け入れられず、どうしてもスコットランドの平定を諦《あきら》めきれなかった。そこで、再度派兵するための財源を確保しようと、第一次主教戦争後の一六四〇年四月に一一年ぶりにロンドンで議会を開いたが、それまでの議会軽視の姿勢、勝手な戦争による国費の浪費について非難囂囂《ひなんごうごう》であり、議会を三週間で解散してしまう（短期議会）。そして再度軍を派遣しようと、カトリックが盛んなアイルランド議会からの支援をうけようともした。もうなりふり構っていられないという感じである。

しかし、この情報を得ていた盟約軍は、今度は自らが国境を越えてイングランドへ侵攻、ニューバーンで激突する。盟約軍は圧勝し、その勢いでニューカッスル、ノーサンバーランド、ダラムを占拠してしまう（第二次主教戦争）。そこでチャールズは和睦を申し入れ、盟約軍が撤退するまでの二か月の駐留維持費を支払うという屈辱的なリポン条約を結ぶ。これは実質的にはチャールズ、そしてイングランドの敗北であるが、領土を求めることなく金銭の支払いのみで撤退したということは、盟約軍はこのスコットランド出身のイングランド王に対して表向きは恭順の姿勢を示したようにもみえる。

この支払いのため、チャールズはさすがに議会を開かざるをえず、同年の一六四〇年一一月に議会を開いた。この議会は、オリヴァー・クロムウェルによる議会の武力解散が行われる一六五三年まで続いたので「長期議会」と呼ばれている（その間に、チャールズは処刑されてしまったが）。それを経て、リポン条約の確定を含んだ、和平案としてのロンドン条約が締結された。

これを機にチャールズの権限を抑制しようとイングランド国内のピューリタンたちは勢いづき、一六四〇年一二月、ロンドン市の一万五〇〇〇人の署名をあつめた「根こそぎ提案」が提出され、監督制の廃止が求められた。当然チャールズやその側近は難色を示して同意しなかったので、議会はその代替案として、一六四三年二月に聖職者権利剝奪《はくだつ》法を制定し、国王から任命された主教たちがもつ貴族院議席権を剝奪した。

チャールズの王権を抑制しようとする貴族たちは「議会派」と呼ばれ、そのうちジョン・ピムなどの有力議員たちは、議会を通じてチャールズの腹心であるストラフォード伯トマス・ウェントワースやカンタベリー大主教ロードを逮捕・処刑するなど、チャールズの専制政治に対しさらに切り崩しにかかった。一六四一年には議会招集のルール、同意なしの課税の禁止、王権の息がかかった星室庁（王室直属の裁判所）の廃止などが可決された。

ピューリタンとの対立

さて、主教戦争などのチャールズの失政を機に議会の優位性が確立されていったイングランドであったが、しかし、一層の改革へ進もうとしたときに政治的混乱が生じ、スコットランドがイングランド情勢へ介入する契機となってしまう。

反チャールズの議会派貴族たちは、実は決して一枚岩であったわけではなく、ある種の事案においては意見が対立していた。たとえば、クラレンドン伯エドワード・ハイドなどの穏健派（のちの王党派）は、王と議会との和解を目指したが、議会派の急進派はそれをよしとしなかった。また、議会派ピューリタンのなかにも、①国教会から分離することなく内部改革を目指す長老派と、②国教会から完全に教会制度を切り離そうとする急進的な分離派がいて、さらに後者から派生した独立派には、③教会の独立自治を重視するという会衆派（組合派）、④個人の自由意志を尊重する再洗礼派（バプティスト）、⑤個人の神秘体験を重視する基督友会（クエーカー）などがいた。さらに分離派には、⑥「水平派」と呼ばれる急進的な平等主義を目指す一派もいた（しかし、これは多くの人たちから危険視され、のちに弾圧されるようになる）。

一六四一年一一月に議会が国王に提出した「議会の大諫奏《かんそう》」にて国王大権の制限と外交権・官吏任命権のイニシアティヴを議会に渡すように迫り、同年一二月には軍統帥権を国王から剝奪するような民兵条例を審議するなど、議会派の急進派はさらに改革を訴えたが、チャールズとその息がかかった議員たち、そして議会派のうちの穏健派議員たちは「王党派」としてそれに反対し、これ以降、議会派と王党派の争いは苛烈《かれつ》なものとなってゆく。

強引に議会派を鎮圧しようとしたチャールズであったが市民の大きな支持を受けた議会派の勢いにおされ、北のヨークへと逃れた。翌一六四二年六月に、制限君主制と議会制民主主義をもりこんだ一九カ条提案を議会派は提出したが、チャールズがそれを拒否したため、議会派、王党派ともに戦闘準備に入り、翌七月にイングランド内戦へと突入した（その後、国王軍はオックスフォードを本拠地とするようになる）。

第二節　イングランド内戦

スコットランドによる内政干渉

スコットランドの盟約派たちは、イングランド内戦においては単なる傍観者ではなかった。

というのも、当初イングランド内戦は王党派に有利に進んでいたので、議会派は王党派を北部から挟み撃ちしてくれるようスコットランドに援助を要請してきたからである。ここで、スコットランド貴族たちはどちらにつくか選択を迫られることになる。

スチュアート家のチャールズへの支援を主張する声もあるにはあったが、しかし、チャールズの素行にはあまりにも懸念材料が多かった。

祈禱書の押し付けなどはもとより、チャールズがフランス王ルイ一三世の妹ヘンリエッタ・マリア（カトリック教徒）を妻として迎えていたこと、一六二五年にはスコットランドに対し「返還法」を定め、「一五四二年以降、プロテスタント貴族に奪われたスコットランド国王の財産、カトリック教会の財産、そして徴税権の回復」を訴えていたことなど、チャールズはその信用をかなり失っていた。さらに、イングランド内戦に入ったときチャールズはアイルランド・カトリック同盟（一六四一～四九）と結託しようとしていた。こうしたことは、「チャールズの本音はカトリックの復活ではないか？」という疑念を抱かせるには十分であった。

盟約派における議会派よりの代表格といえばアーガイル侯アーチボルド・キャンベルであり、王党派よりの代表格はハミルトン公ジェイムズ・ハミルトンであった。両派閥は議論を重ねた結果、盟約派としてはプロテスタンティズムという点で合致しうる議会派と協力関係を結ぶことにした。そこでアーガイル侯がイングランドとの交渉にあたった。イングランド議会派はヘンリー・ヴェインを長とする代表団をエディンバラへ送り、一六四三年八月に到着した代表団は盟約派との協議に入った。

イングランドとの盟約

とにかく軍事同盟を結んでいち早く王党派を打倒したいイングランドの議会派であったが、それにあたりスコットランドの盟約派が提示した条件というのが、「イングランド国教会の廃止と、スコットランドと同様の長老派教会体制の確立」というものであった。これはスコットランドからしてみれば、これまで頻繁にスコットランドに介入し、教会組織もろとも政治的支配構造を築こうとしてきたイングランド国教会を根絶することで、スコットランドの地位を恒久的に保全することを約束させるためのものであったが、この条件は実はそこまで簡単に飲めるものではなかった。

というのも、イングランド議会派の主要メンバーであるピューリタンも決して一枚岩ではなく、イングランド国教会の庇護のもとでの長老派教会を目指すものもいれば(穏健派に属する長老派)、個々の教会それぞれが自由な信仰のもとで独立すべきだというものもいるし(独立派)、スコットランドのような間接民主主義的な長老派教会ではなく、直接民主政的な信徒の意思決定を重視するもの(会衆派)、などさまざまであったからである。しかし、条件を飲まなければ、スコットランド側は派兵してくれそうもない。そこで、イングランド議会派は以下の文言のもと盟約派と協力を締結した。

共通の敵（王党派）に対して、スコットランド教会における教義、礼拝、規律、統治といった改革宗教を保全し、神の言葉と最善の改革教会の事例に従いつつ、教義、礼拝、規律、統治の点でのイングランドおよびアイルランド王国の宗教改革を行う。

これは一見すると盟約派の要望がかなったかのような文言であるが、「神の言葉と最善の改革教会の事例」がスコットランドの長老派教会であるということが明記されていない以上、イングランド国教会がそれを模倣することを保証するものではなかった（実際、このあと、クロムウェルは議会派の一派である長老派を排除し、以降、長老派がイングランドで主流となることは決してなかった）。こうした玉虫色の文案を議会派はイングランドにもちかえり、九月に両院で批准し、それを一〇月にスコットランド側も批准したことで、「厳粛な同盟と盟約（Solemn League and Covenant）」は発効した。これにより、翌一六四四年、スコットランド側はリーヴェン伯アレグザンダー・レズリーと甥のデイヴィッド・レズリーが率いる盟約軍を派遣し、七月のマーストン・ムーアの戦いで議会派の勝利に貢献した（スコットランド貴族の王党派であったハミルトン公はスコットランドに居場所がなくなり、チャールズ一世のもとへ逃げ込んだが、その後、王の不興を買って逮捕・拘束された）。

この年、イングランドはウエストミンスター神学者会議を設置し、あるべき教会体制の検討をしたが、そこでの総員六〇名のなか、スコットランドから代表として聖職者五名と俗人三名が参加した。この会議の目的は、エリザベス一世時代の信仰告白三九カ条に代わる信仰箇条の制定にあり、一六四五年二月に公同礼拝指針が成立した。これはイングランドでは王政復古まで使用されたがその後廃棄された（クロムウェル率いる共和国時代の遺物でもあったので）。しかし、スコットランドではこれは今日まで礼拝の基準でありつづけている。公式的なものとしては、一六四八年ウエストミンスター信仰告白が印刷交付され、世界の長老派の信仰基準となり、スコットランドにおいてもそれはジョン・ノックスのスコットランド信条に代わる公式の信仰告白と定められた（内容自体はカルヴァン主義である）。

いずれにせよ、こうして、仇敵同士であったイングランドとスコットランドは手を取り合い、両国に平和が訪れてめでたしめでたし、となったかのように思われたが、そういうわけにはいかなかった。

捕縛されたチャールズ

劣勢に立たされたチャールズ一世と王党派貴族たちはとにかく味方を増やす必要があった。そこでアイルランド・カトリック同盟に声をかけたり、さらには、イングランドの議会派の穏健派（長老派）と和平交渉をするなど手を尽くすも、いずれの成果も芳しくなかった。というのも、イングランドで実権を握りつつあったのが議会派のニューモデル軍（民兵軍とは異なる議会軍）を率いたクロムウェルの独立派だったからである。チャールズは議会派に和平交渉をもちかけたが勢いにのった独立派が発言力をもった議会派はそれをはねのけ、居場所を失ったチャールズはスコットランドに逃れることになった。しかし、議会派側と「厳粛な同盟と盟約」を結んだスコットランド盟約派の手助けによって捕らえられ、その身柄は一六四七年一月にイングランドの議会派に引き渡された。こうしてとりあえずイングランド内戦は幕を閉じた（第一次イングランド内戦）。

しかし、一枚岩でなかったイングランドの議会派にはすでに亀裂が入っていた。スコットランドとの約束を守ろうと教会改革を提唱する――そして、チャールズとの和平を模索してスチュアート朝を維持しようとする穏健派でもあった――長老派と、チャールズとの和平を徹底的に拒絶し、議会権力の確立をはかりながらイングランドならではのピューリタニズムを目指す独立派（分離派）との対立はもはや解消不可能なものとなっていた。

スコットランドの方はといえば、チャールズの捕縛とイングランド内戦終結に大きく貢献したというのに、協力の条件であった長老派制度の導入にイングランドが踏み切らないことに不満をもっていた。ここにつけいる隙《すき》があると考えたチャールズはワイト島へと逃亡し、一六四七年一二月に仇敵であるスコットランド盟約派と和解契約を結んだ。その際に仲介役となったのが、先の王党派よりのスコットランド貴族であったハミルトン公であった。当初は議会派に肩入れしていたスコットランド貴族たちではあったが、「厳粛な同盟と盟約」を反故《ほご》にしようとするイングランド議会派の態度に不満をもっていたこともあり、チャールズはスコットランド貴族たちの支援を受け、一六四八年三月にロンドンを取り戻すために軍を侵攻させた。これが第二次イングランド内戦である。

だが侵攻を取り仕切っていたハミルトン公が一六四八年八月のプレストンの戦いで議会派に大敗、処刑されてしまう。スコットランド軍の勢いが弱まったそのとき、かねてより議会派に肩入れしていたスコットランド貴族アーガイル侯が再度議会派につくよう諸侯を説得した。そして、それに同調する貴族たちによってハミルトン派は追放され、盟約軍はクロムウェルと和睦するにいたった。スコットランドの支援を失った王党派は、この年の一一月に投降し、チャールズは監禁されることになる。

わずか半年で第二次イングランド内戦ともいうべきこの衝突はおさまったが、これはイングランド国民からすれば衝撃的な事件であった。もともとはスコットランド王家出身であることに加え、外敵であるスコットランドの支援をうけてイングランドに侵攻してきたこのチャールズの振る舞いは、これまでの単なる議会軽視の専制君主以上に人々を失望させると同時に、このまま生かしておくことが危険であることを大々的に知らしめたともいえた。実際、この時期には印刷出版物が大量に出回るようになっており、パンフレットやニューズブック類（新聞に似た小冊子）などでは国王処刑の気運が高まってもいた。こうした風潮のもとでは、王の追放だけで済ますわけにもいかず、議会派としては処刑をくだすよりほかはなかったのかもしれないが、国王をなんとか存命させようとする穏健な長老派がその最後の防波堤ともなっていた。
そこで、クロムウェルら独立派は最終手段にでる。

処刑とその影響

クロムウェルの意をうけ、独立派である軍人のプライド大佐が一六四八年一二月に一隊を率いて議会に乱入し長老派議員を議会から締め出した。この「プライドのパージ」によって、残された五十数名の議員のみからなる下院（ランプ議会）が開かれた。

議会はすぐに、翌一六四九年一月にチャールズ一世の裁判を開始し、その月の三〇日にチャールズを処刑した。次に、議会は貴族院を廃止し、王党派の貴族の勢力を削《そ》ぎ落とすと、今度は、急進的で過激な水平派の弾圧を開始した。こうした強硬策を重ねてゆき、同年五月、王制を廃止したイングランド共和国（一六四九～六〇）を樹立した。

日本の世界史の教科書では、こうした一連の「清教徒革命」について、一般的には「王権神授説を唱えたジェイムズ一世の息子であり、傍若無人な暴君チャールズ一世が非道な課税と弾圧を行ったがために、市民の反感が募って生じた、いわゆる近代への転換点である」と紹介されがちである。しかし、事はそのように単純なものではない。ここまでみてきたように、①スコットランド出身のイングランド王たちは綱渡りのなかで統治者として選択を迫られていたこと、②イングランドをとりまく厳しい国際情勢と、隣国スコットランドとの関係に頭を悩ませつつ、その分断を防ぐために強硬策や懐柔策などを取りながら四苦八苦していたこと、③市民革命といわれるが、その内実は貴族の利権と派閥争いがメインであり、そこに宗教的派閥の対立が絡まっていたこと（もちろん市井《しせい》の雰囲気をなんとなく感じ取ってのところもあったが）、などの諸事情がそこにはある。そして、こうしたことを理解すれば、イギリス史におけるスコットランドの重要性もみえてくるだろう。

清教徒革命の仕上げともいうべきチャールズ一世の処刑に対し、議会派を支援してきたスコットランド貴族たちもさすがに黙ってはいなかった。たしかにチャールズのやり方は強引であり、スコットランドへの干渉は許せるものではなかった。ゆえに、対チャールズ政策として、イングランドの議会派と——長老派教会の導入を条件に——同盟を結びもした。しかし、イングランドの議会派は肝心の約束を反故にしており、また、両国の王である（しかもスコットランド出身の）チャールズを、スコットランド側に一言の相談もなく処刑するということは、スコットランドの主権を侵害する振る舞いともいえるものであった。

第三節　護国卿時代から王政復古へ

憤慨するスコットランド

チャールズ一世の処刑をうけ、多くのスコットランド貴族たちは憤慨《ふんがい》し、一六四九年二月、その息子チャールズ二世を支援する形でその即位をスコットランド議会は宣言した。かつてクロムウェルと協力したアーガイル侯でさえも王党派残党に味方する形でチャールズ二世を――かつての「厳粛な同盟と盟約」の担い手として――担ぎあげたわけであるが、しかし、当のチャールズ二世はいまだ亡命中であった(一六四六年にフランスに亡命し、一六四八年にオランダのハーグに亡命していたが、オランダがイングランド共和国と友好関係になったので、再度フランスへ逃れていた)。

ただし、カルヴァン派長老主義を掲げている以上、もはや大陸のカトリック勢力をかつてのようにあてにできないというのはスコットランドにとって不都合であった。さらにいえば、隣国アイルランドもカトリックであったため、スコットランドは援軍を要請することができなかった。そして最もやっかいなことに、クロムウェル率いるニューモデル軍は最新の武器と戦術を駆使した最強の軍であった。

亡命していたチャールズ二世は一六四九年六月にスコットランドに上陸し、クロムウェルとの戦争に備えた。クロムウェルはアイルランド遠征を一六五〇年五月に切り上げ、いよいよスコットランドへ同年七月に侵攻する（ただし、その前に、スコットランド長老派たちに対して、「厳粛な同盟と盟約」に関する弁明ともとれる和睦を求める宣言をしていたが）。迎え撃つスコットランド側の司令官は、かつて第一次イングランド内戦でクロムウェルとともに王党派と戦ったスコットランド貴族のレズリーであった。彼もまた、クロムウェルたちによる約束の反故と王の処刑に憤りを感じた盟約派の一人であり、スコットランド中部まで侵攻してきたクロムウェル軍を港町ダンバーまで押し戻したが、そこで敗北し、ここから形勢は次第に逆転してゆくことになる（ダンバーの戦い）。

この敗戦の翌年一六五一年一月一日にチャールズ二世はスクーンで戴冠式を挙げ、正式なスコットランド王として、そして、イングランド王位継承者としていよいよイングランドとの戦争に臨むことになるが、侵攻してきたクロムウェルの軍はやはり強く、ウスターの戦いで敗れ、チャールズ二世はフランスへ再度逃亡する。そのウスターの戦いのさなか、南下したスコットランド軍の留守をつき、スターリング、アバディーン、オークニー諸島などの中部・北部の地方主要都市がイングランド軍によって陥落し、クロムウェル率いるイングランド共和国軍はスコットランド全土を掌握することになった。

強引なクロムウェル

もはや敵なしとなったクロムウェルはブリテン島においてその支配体制を確固たるものとする。一六五三年、イングランド初の成文憲法として制定された「統治章典」ではチャールズ一世の処刑以降不在となっていた国家元首を「護国卿」と位置づけ、クロムウェルはその地位につく。建前上は「イングランド、スコットランド、アイルランド等々のコモンウェルスのプロテクター」と名乗っており、グレートブリテンという統合名称を使用することなく各国独自の議会と自治を認めていたが、実質上はクロムウェルによるブリテン島およびアイルランド島の独裁体制であった。クロムウェルは、軍に対し批判的態度をとったランプ議会を一六五三年に解散し、統治章典に基づき議会を招集したものの（一六五四年の第一議会、一六五六年の第二議会）、そうした議会は、結局はクロムウェルの護国卿体制を堅持するためのアリバイ作り的な諮問機関にすぎなかった。護国卿の権限は、官職任命や爵位授与、議会の解散にまで及んでおり、やっていることはそれ以前の専制君主と変わらなかった。

クロムウェルの独裁体制に対しては、貴族だけでなく、教会関係者、そして市民も同様に不満をもっていた。一六五四年には聖職者任命資格審査制と資格剝奪制が導入され、共和国政府による教会統制がなされたが、厳格な禁欲主義であるピューリタンだけに、一般民衆の生活規制も強化され、姦通罪《かんつう》は死刑、クリスマスを偶像崇拝日として禁止、ダンスの禁止、劇場や酒場の廃止など、さまざまな抑圧的政策が実施された。こうしたことへの不満が、王政復古を求める気運となり、クロムウェルの死後、チャールズ二世の帰国へつながったといえる。

クロムウェルは一六五八年九月に病死し、その後の護国卿を息子のリチャード・クロムウェルが務めたが、軍からの信頼も薄く、翌一六五九年に辞任してしまう。その後、クロムウェルの部下である軍人ジョン・ランバートがクーデターを起こして議会を解散させ軍事政権をうちたてるも、スコットランドにいた軍人ジョージ・マンク（第一次イングランド内戦時は王党派のイングランド軍人であったが、その後は議会派となり、スコットランド遠征後にはスコットランド総督となっていた）や近しい軍人仲間、大陸に亡命していた王党派やチャールズ二世、冷遇されていたイングランド国内の長老派や国教会関係者、さらにはたび重なる軍事政権に疲れていた市民たちの声が大きなうねりとなり、一六六〇年一月に長期議会が開催された。その後、一六六〇年五月に亡命中のチャールズ二世がイングランドに帰国し、条件つきによる復位が記されたブレダ宣言が議会によって受諾され、清教徒革命以来の共和国体制は終止符をうった。

失望再び

共和国時代の抑圧的な雰囲気を打破し、自由で活気ある社会の到来が期待されたチャールズ二世の王政復古であったが、期待どおりというわけにはいかなかった。帰国前のブレダ宣言で信仰の自由を約束していたにもかかわらず、チャールズ二世のもとで開かれた復古王朝の議会では、一六四二年以降に国王の同意なしに制定された条例を無効とし、国王を首長とする監督制の国教会制度に回帰することが決定された。もっとも、チャールズ二世が熱烈な国教徒であったかといえばそうではない。むしろ、フランスで亡命生活を送ったせいか親仏的でカトリック的言動が多く、それはかつてのピューリタンたちはもとより、国教会関係者をも不安にさせるものであった。つまり、トップダウン的な監督制を利用し、カトリックへの回帰を目論んでいるように思われたのである。

たとえば、帰国から二年後の一六六二年、チャールズ二世はポルトガル王女のキャサリン・オブ・ブラガンザと結婚したが、キャサリンはカトリックゆえに国教会の儀式には参列することなく、チャールズ二世はそれを容認していた。また、チャールズ二世は一六七二年、オランダと第三次英蘭戦争をはじめるが（このとき、オランダ側にいたのが、のちに名誉革命によってイングランド王となるオラニエ公ウィレムであるが）、その背景には、オランダと仏蘭戦争をしていたフランス王ルイ一四世との間でチャールズ二世が結んだ一六七〇年の「ドーヴァーの密約」というものがあった。これは巨額の年金を秘密裏に受け取ることを条件にイングランドがフランス側に荷担することを約束していたものであったが、こともあろうに、この秘密条約は、チャールズ二世や後継者ジェイムズのカトリックへの改宗にも言及していた（期限は定められていなかったが、チャールズ二世は死の間際にカトリックへ改宗した）。一六七二年には信仰自由宣言をもって国教会の教え以外を広く容認し、信仰の自由をカトリックにまで広げようともした（これはあまりにも批判されたため、のちにチャールズ二世は撤回した）。

このような親フランス、親カトリック的な態度に対しては市民からも悪評が聞こえるようになった。そうした悪評が広まった背景には、市民が新聞を読んで情報交換をしたり意見を交わしたりするコーヒーハウスの存在があるが、チャールズ二世はそれすらも革命の温床として、一六七五年にコーヒーハウス禁止令を出したりもした（それがさらに批判を招き、その禁止令は功を奏することなく、チャールズ二世への不満はさらに高まったのであるが）。

さて、スコットランドとの関係はどうだったのだろうか？　チャールズ二世はスコットランドで生まれたわけではないが、スコットランド王としてかつてスコットランドで戴冠式を行い、王座奪回のためにスコットランドとともにクロムウェルと戦った（敗北してフランスへ逃れたが）。そのような彼であるから、スコットランドに対してせめてフランスに対する程度には親和的な態度をとるかと思いきや、帰国後はまったく反対の態度をとった。そのため、スコットランドからすればクロムウェルの護国卿時代よりもある意味では悲惨な時期となった。

一六六一年、イングランド議会において、チャールズ二世がその代行者を務めていたスコットランドとの「厳粛な同盟と盟約」は破棄されることとなった。これは約束の反故でもあったが、さらにチャールズ二世主導のもと同時期のスコットランド議会において一六六一年に「廃止法」が制定されたが、これは一六四〇年から四八年までの立法をすべて無効化するものであった。実質的には一六三三年以降のチャールズ一世によるロード体制確立以降、議会派たちがスコットランドとの間で締結した、チャールズ一世降ろしにかかわるような契約・法案の無効化である。そして、その後すぐさま、チャールズ二世はスコットランドへ自身が任命した主教を送り込み、スコットランドの長老制は廃止され監督制が復活した。主教や司祭に居場所を奪われた長老派牧師たちの多くは野に下り、野外の秘密集会で説教し、しばしば数千人の会衆を集めて礼拝をしていたが、これは盟約派主導の革命予備軍として危険視され、大規模な弾圧の対象となった。これは虐殺時代(一六七九～八八)とも呼ばれるものである。

スコットランドからすれば、かつて支え、一緒にクロムウェルと戦ったスチュアート朝の元王子が、敗走したのちに亡命先でカトリックとよろしくやって舞い戻ったあげく、かつて支持していた自分たちの弾圧に乗り出す暴君となってしまったことはショックであった。この裏切り行為に対し、多くの貴族は不満を抱いた。この弾圧には次期イングランド王位継承者ジェイムズ二世(スコットランド王ジェイムズ七世)も荷担していたので、スコットランドは、イングランドに囲い込まれたスチュアート王家をもはや信用できなくなった。ジェイムズがのちに排除されてオラニエ公ウィレムが招かれた名誉革命は、単にイングランドでの市民革命というだけでなく、正統なスチュアート朝の王の排除を意味するクーデターであったが、スコットランド貴族や知識人のなかにも、その名誉革命体制を支持する人たちがそれなりにいたという背景には、こうした事情もあった。

王政復古のリスク

さて、チャールズ二世はなにかあればすぐに議会を解散した専制君主として有名であるが、そこには、次の王位継承者であり弟でもあるジェイムズをかばうという意図もあった。というのも、イングランド議会はジェイムズを排除しようとしたからである。ヨーク公時代のジェイムズは国教徒である誓いを立てようとしなかったり、再婚した妻メアリ・オブ・モデナもまたイタリア有力貴族の娘でカトリック教徒であるなど、ジェイムズがカトリック教徒であることは公然の秘密ともいえるものであった。為政者が反動的にカトリックに戻ろうとすると国家が転覆しそうになったり、諸外国からの介入を許すことになったりするのはかつてのブラッディ・メアリの事例からも明らかであるので、議会はジェイムズに対してその王位継承権を剝奪しようと王位排除法案を提出したが、チャールズ二世は議会を解散するなどしてそれを阻止した。

こうしたジェイムズ排斥《はいせき》の動きもあったので、チャールズ二世はジェイムズをスコットランドに送り、スコットランド統治の任務を与えもした。もともとはスコットランド王家であるステュアート朝の王位継承者ということもあって、スコットランドの辺境——いわゆるハイランド——で息をひそめていたカトリック教徒たちに歓迎されはしたものの、意に沿わない長老派を弾圧するなどその振る舞いはスコットランドでも賛否両論であった。イングランドおよびスコットランドでは、正統な統治者としてジェイムズの確固たる王権を提唱する「トーリー」という保守派グループと、その王権の絶対性を疑問視し、議会を通じてそれを制限しようとする

「ホイッグ」という急進派グループに分かれ、あちこちで論戦が繰り広げられた。そしてこの両グループの対立は、のちのイギリスの政党政治へとその場を移してゆく（トーリーは現在の保守党、ホイッグはかつての自由党で、現在の自由民主党の原型ともいえる。ただし、その境目ははっきりとしたものではない）。

一六八五年にチャールズ二世が死去すると、ジェイムズは正式な王としてイングランド王ジェイムズ二世（スコットランド王ジェイムズ七世）となったが、そのやり方は兄チャールズよりも過激であった。カトリック関係者を要職につけ、他方で国教会関係者を罷免《ひめん》し、それを批判する議会を解散し、ついには一六八八年四月に、かつて兄チャールズ二世がおこなって大顰《ひん》蹙《しゅく》をかった信仰自由宣言を発布するなどした。さらに二か月後には息子ジェイムズ・フランシス・エドワードが誕生したことから、今後のイングランドおよびスコットランドは、このジェイムズ路線のもとでカトリック化してゆくであろうことはほぼ疑う余地がなく、革命の気運はふたたび最高潮に達した。

Column 楽しみを求めるイギリス人

イングランド内戦や清教徒革命は、高校などの世界史の教科書で学ぶが、その詳細は意外に知られていない。チャールズ一世とスコットランドとの間で生じた主教戦争や、その戦費を賄うための議会招集と猛烈な批判の末の議会解散、王党派と議会派との争いへのスコットランド盟約派の介入、さらには、チャールズ一世の処刑を受け、後に王政復古の主役となるチャールズ二世をスコットランドが擁立したことなど、この時期のイギリス史においてスコットランドが果たした役割はかなり大きいものと思われる。

ところで、清教徒革命の立役者であったオリヴァー・クロムウェルであるが、その功績については賛否両論である。護国卿となり独裁をおこない、アイルランドでは大量虐殺者として悪名高い彼ではあるが、他方、中世のエドワード一世によるユダヤ人追放令から三六六年後の一六五六年、その（再）入国を正式に認めた点では、ユダヤ人たちの味方でもあった。もっとも、それ以前にもユダヤ人の入国者はいたとされている。たとえば、一六五〇年にオックスフォードでイギリス最初のコーヒーハウスが開店したが、その店主はユダヤ人女性だったといわれる（コーヒーをイギリスに普及させたのは、プロテスタント国家オランダからやってきたユダヤ人と一般的にいわれている）。

クロムウェルがまだ生存していた一六五二年にはロンドンでもコーヒーハウスが開店したり、一六五五年、クロムウェル軍がスペインからジャマイカ島を奪って、ここをイギリスの主要なカカオ（チョコレート）の供給源としたりするなど、コーヒーやチョコレートといった嗜好品に対しては寛容な姿勢をみせていた（それは当時、薬理作用をもつ健康食品とも考えられていたこともあるのかもしれないが）。これに対し、王政復古後のチャールズ二世がコーヒーハウスを革命の温床と考えてつぶそうとしていたことを考えると、クロムウェルという人物はわりとリベラルな人物であったのかとも思いたくなる。

他方、娯楽としてのスポーツは総じて、ピューリタンの標的となった。ピューリタンにとって日曜日はいかなる労働も気晴らしもしてはならず、ひたすら神に祈る日であったので、一五七〇年頃からピューリタンによるスポーツへの抑圧は高まりをみせた。クロムウェル時代には一律にスポーツは禁止されたが、とりわけ、フットボールはその標的とされていた。

しかし、王権神授説を提唱し専制君主といわれた(そして厳格な長老派としてのピューリタンを嫌悪していた)スコットランド出身のジェイムズ一世(スコットランド王ジェイムズ六世)は、一六一八年にスポーツ解禁令ともいうべき宣言をしており、スポーツに対しては寛容な姿勢をみせた。もっとも、このジェイムズ一世であっても、フットボールを「乱暴で激しい運動」と位置づけて否定的であった点は興味深い(秦[1993])。

さて、この時期のフットボールはどんなものであったかといえば、それは大勢が一つのボールに群がり、接触アリのなんでもありといった、ある意味でごちゃごちゃしたものであった。フットボールはイングランド中部のダービーシャー州において一二世紀頃にはすでに行われていたが(シュローブタイド・フットボールというもの)、昔は一一人対一一人という決まりはなく、また、正式な地域別対抗戦は、町や村の住人が総出でやっていたようである（それゆえ「モブ・フットボール」とも呼ばれる）。その対抗戦では、群衆が一つの玉を追いかけ、相手陣地にけり込むために野を駆け回ったり、小川を渡ったりの大騒ぎであった。ノーサンバーランド州（旧ノーサンブリア）ではいまなお一年に一度そのモブ・フットボールを開催している町もある。中世から近代にかけては風紀を乱すものとして宗教関係者から禁止され、また、兵士がそれに興じて軍事訓練をさぼるなど軍事関係者からも忌避されていたフットボールであったが、それほどまでに人々が熱中していたことを鑑みると、現在でもイギリスにフットボールファンが多いのはなんとなく理解できる。

いまやイングランドはもとより、スコットランドでもフットボールは盛んであるし（ほとんどのパブのテレビで試合が流れている）、それらはイギリス文化として世界各地に広がり、多くの人を楽しませている。ただし、イングランドとスコットランドはフットボールの国別対抗戦では別チームであり、それぞれのファンは、かつての中世を思わせるような対抗心をもって応援しているようではあるが。

第四章　ジャコバイトの乱とその後——近代

第一節　名誉革命

ジェイムズ二世の即位

王政復古で王座に返り咲いたチャールズ二世は、一六八五年二月、ホワイトホール宮殿で心臓発作のため倒れ、その波瀾の人生に幕を閉じた。死の床でカトリックに改宗した彼には嫡子はおらず、次期王位継承者を指名することなくなったので、継承権の高い順として、その弟（つまり、清教徒革命で処刑されたチャールズ一世の息子である）ジェイムズ二世（スコットランド王ジェイムズ七世）が即位することとなった（以下ジェイムズ）。

しかし、カトリックであったジェイムズが国教会制度をひっくりかえし、ブリテン島に宗教的・政治的混乱をもちこむことは明らかであった。それゆえ、王と対立していたイングランド議会では、ジェイムズの娘メアリ（二世）を王座に据《す》えるという案があがっていた。メアリはジェイムズの最初の妻アン・ハイドの娘で、オランダ総督オラニエ公ウィレム（メアリの従兄にあたる）に嫁いでおり、夫婦そろってプロテスタントであったことから、イングランド王としてはもってこいだった。ジェイムズに嫡子が誕生してそこに王位が継承されるより前に、なんとかメアリを女王につけて、その子孫へと王位継承してゆくことこそがイングランドの利益となると多くの貴族たちは考えた。

そのようななか、一六八八年六月一〇日、ジェイムズとその二番目の妻メアリ・オブ・モデナとの間にジェイムズ・フランシス・エドワード・スチュアート（のちのジェイムズ老僭王《ろうせんおう》）が生まれてしまったので、議会は急いでかねての計画を実行することにした。同月三〇日、イングランド議会の貴族たちから書状を受け取ったウィレムは九月にイングランド遠征を決定し、同年一〇月三〇日にオランダ軍を率いてイングランドへと向かい、一一月に上陸した。イングランド軍はほぼ無抵抗状態のままウィレム率いるオランダ軍は進軍し、逃げようとしたジェイムズは一二月に捕らえられた（そのときはすでに王妃と王子はフランスへ亡命していた）。翌一六八九年一月にジェイムズは解放されてフランスへ亡命、同年二月にウィレムはウィリアム三世として妻メアリ二世とともにイングランドの共同統治者として即位し、そこで議会の優位性を認めた「権利章典」が発布された。国王を処刑することなく、議会の意向に沿った政権交代が行われたこの政変は「名誉革命」としてイギリスの歴史に刻まれることになったのは周知のとおりである。ただし、ここから先は無血どころか血みどろの戦いの火ぶたが切って落とされるということについては意外と知らない人もいるだろう。しかし、それこそがスコットランド史を理解するうえでは重要になってくる。

名誉革命とは、清教徒革命同様、イングランドおよびスコットランドの統治者であるスチュアート朝に対して生じたクーデターといってよかった。しかし、イングランドは当然として、スコットランドにおいてもこの名誉革命はある程度は受け入れられた。スコットランド盟約派の中心的教派である長老派への弾圧を行っていたチャールズ二世とジェイムズ二世の兄弟に対し強い不満を抱えていたスコットランドである。なかでもローランド地方の貴族と長老派教会の働きかけがあり、スコットランド議会は、イングランド王ウィリアム三世をスコットランド王ウィリアム二世として受け入れた。しかし、スコットランド人たちからすると、イングランドは自分たちに無断でスコットランド王をすげ替えているわけで、いつのまにか自分たちの王国の手綱《たづな》を、隣国であり仇敵のイングランドが握っていることに対し不満をもっていた（そして、この不満は現在まで残っているという見方もできる）。

とりわけ、スコットランドのハイランド地方の一部の氏族（クラン）は、名誉革命体制に対し批判的であった。というのも、スコットランドで宗教改革が進んだ政治的中心地を抱えるローランドとは異なり、地方であるハイランドは依然としてカトリック勢力が残っていたし、イングランドとの経済的交流もローランドほどなかったため、イングランドに迎合する意義をみいだせなかったからである。それに加え、ハイランドはそれぞれの地域で各クランが土地の管理・運営を行っていたため、ハイランド人の気風としては、中央集権的な——しかもイングランド主導的な――名誉革命体制は自分たちの自由を奪う抑圧的なものとしてしか感じられなかった。

ウィリアマイト対ジャコバイト

アイルランドは、イングランドの侵攻によって一一七一年以降、その支配下にあった。そして、一五四一年にイングランド王ヘンリー八世がアイルランド王を兼ねるようになると、アイルランドは常にイングランド国教会からのプレッシャーに悩まされるようになった。そのようななか、イングランド王でありながら親カトリックであったジェイムズ二世の追放、そして、プロテスタントであるウィリアム三世の即位には、カトリックが中心であったアイルランドはもちろん猛反対であった。クロムウェルの侵攻以降、アイルランドではカトリック教徒は公職に就くことも禁じられ、土地所有も制限されていた。そして、政治的実権はイングランドからやってきたプロテスタント貴族に握られていたため、ジェイムズ二世とその子孫たちにカトリック復権の希望をみいだそうとしていたのだが、そんななか起きた名誉革命は、アイルランドにおいてはある意味では植民地化を決定づけるような悲劇ですらあった。

ゆえに、ジェイムズ二世の腹心であったアイルランド貴族ティアコネル伯リチャード・タルボットの呼びかけに応じてすぐに兵が集まった。彼らはアイルランドの「ジャコバイト」として、ウィリアム三世を王と認める「ウィリアマイト」との間でウィリアマイト戦争（一六八九

～九一）を起こした。ジャコバイト（語源はジェイムズのラテン語名）とは、ジェイムズ二世およびその直系男子を正統なイングランド王・スコットランド王としてその復位を求める人々のことであり、この勢力は、以後半世紀にわたって名誉革命体制を脅かしつづけることとなる。アイルランドのジャコバイト蜂起をうけ、フランスへ亡命していたジェイムズ二世も、フランス国王ルイ一四世の援助をうけてこのジャコバイト軍に合流した。正攻法ではなかなか勝てないアイルランドのジャコバイトはゲリラ作戦と焦土作戦によって粘り強く戦っていたが、一六九〇年六月にウィリアム三世自らが軍を率いてアイルランドに上陸すると、その軍勢は北のベルファストから南下しつつ各地を平定してゆき、七月一二日にボイン川の戦いでジャコバイト軍を打ち負かすとジェイムズ二世はフランスへ逃げかえった。その後もジャコバイトは抵抗するも、最後の砦《とりで》リムリックが陥落し、アイルランドの反乱は平定された。

一方、スコットランドでは、一六八九年七月、ジェイムズ二世に重用されていたジョン・グラハムがハイランド地方の貴族たちやジャコバイトたちを集めて反乱を起こした。グラハムが戦死したことでその年に反乱はいったん収束したが、スコットランドでの「ジャコバイトの乱」はこの一六八九年だけでなく、一七〇八年、一七一五～一六年、一七一九年、一七四五～四六年とたびたび発生する。この一連のトラブルのなか、同君連合であった両国はグレートブリテンとして一つの国に統合されてゆく。この時期こそが、一般的にいわれるように、「イングランドはスコットランドをむりやり併合した」といわれるような言説が形成されてゆく時期である。もっとも、名誉革命体制側からすれば、ジャコバイトとは、議会主導のもとに追放したジェイムズ二世の肩をもつ「民主主義の敵」であり、そして、フランスという敵対勢力を招き入れようとする「売国的な反乱分子」でもあったのだが。

嫌われるウィリアム三世

世界史の教科書で称賛気味に語られる名誉革命であるが、そこには光と同様、陰《かげ》の部分も存在する。その陰の部分の象徴的なものといえば、やはり一六九二年の「グレンコーの虐殺」であろう。

スコットランドにおける最初のジャコバイトの乱（一六八九年）は、ウィリアムの即位に賛同するウィリアマイト（イングランド側）と、それに反対するカトリック勢力（主にアイルランド）との間で起きたウィリアマイト戦争中、ハイランド勢が介入する形で起きた。キリクランキーの戦いにおいて、盟約派のメンバーであったジョン・グラハム率いるジャコバイト軍がイングランド軍を打ち破ったが、同年のダンケルドの戦いではイングランド軍が勝利し、第一次ジャコバイトの乱は終わりを告げた。それからおよそ二年後の一六九一年八月、ウィリアム三世はいまだ臣従の意思を示さないハイランドの氏族に対し、翌年一月一日までに自身に忠誠を誓うように求めたが、これが悲劇的な虐殺を引き起こすことになる。

忠誠を誓うかどうか迷っていた氏族たちであったが、そのほとんどは期日ギリギリに署名したが、ハイランドの有力氏族の一員であるマクドナルド氏族は、署名するのがわずかに期限を過ぎてしまった（期日を過ぎるようウィリアム側が仕向けたという話もある）。すると、それを無効とみなしたウィリアム三世は「見せしめ」として、マクドナルド氏族の多くをなかば騙《だま》し討ちともいえるやり方で虐殺してしまう。これが「グレンコーの虐殺」である。

事件の顚末は以下のとおりである。イングランド側はハイランドにおいてマクドナルド氏族と並ぶ有力クランのキャンベル氏族出身である士官ロバート・キャンベルを村に向かわせた。何も知らないマクドナルド氏族はキャンベルらを客人としてもてなし、キャンベルらは二週間ほど心地よいもてなしをうけていたが、その滞在中の二月一二日、村人を一人残らず虐殺する命令を受けたキャンベルらは、その翌朝村の家々に火をつけ、族長以下、子どもを含む八〇名近くを一方的に虐殺した（皆殺しのはずであったが、逃げ延びた村人もいたようで、そこからこの事件が世間に広まった）。この虐殺の背景には、イングランドと近しい立場にあって、ライバルのマクドナルド氏族を排除したがっていたキャンベル氏族も暗躍していたのだが、しかし、そこには、自身に逆らおうとするものは容赦なく処断し、亡命したジェイムズ二世に与する勢力を少しでも削ろうとするウィリアム三世の意思もたしかにあった。

この事件の噂《うわさ》は国内外に広まり、ウィリアム三世の名誉革命体制のあり方の正当性を問う声は――とりわけハイランドでは――高まってゆく。氏族のなかには、この残虐で偏狭なイングランド王についてゆくよりも、かつてのロバート・ブルースのように立ち上がってスコットランドの独立を守った方がよいと考えるものもでてきたし、スコットランドを刺激することに対し慎重なイングランド貴族でさえも、こうしたやり方に対して冷めた視線を送るものもいた。実際、恭順の意を示そうとした相手に難癖をつけて虐殺するそのやり方は、もはやウィリアム三世を信じるに足る相手とはみなせないよう、人々に印象づけた。そして、このことがいざとなれば国外に逃亡しているジェイムズ二世やその子孫たち「正統なスチュアート」の復活を願う、というその後のジャコバイト運動を生み出す原因となってしまった。

この時期、イングランドをとりまく情勢は非常に危険なものであった。逃亡したジェイムズ二世をバックアップするフランス、イングランドに恨みをもつスペイン、たびたび口出しをしてくるローマ・カトリック教会とそれに従順な隣国アイルランド。こうした敵対勢力に加え、同君連合の片割れであり陸続きのスコットランドがたびたび反乱を起こすようでは、イングランドは心休まる暇もない。それに、スチュアート朝の女系王位継承者であるメアリ二世とその夫であるウィリアム三世との間には継嗣がおらず、次期王位継承者であるメアリ二世の妹アンにもまた子どもがいないため、しばらくすると再度王位継承問題が発生し、下手をすれば亡命したジェイムズ二世の系譜が王政復古してしまうことすらある。傍からみるほど名誉革命体制は盤石《ばんじゃく》なものではなかったのである。

第二節　連合王国グレートブリテンへ

揺れる両国

イングランド議会は、なんとかこの名誉革命体制が続くよう、法的および政治的な策をめぐらせた。それは、王位継承法を策定し、法律上、イングランドの国王はプロテスタントしか資格がないとすることでジェイムズ二世の系譜の復活を防ぐというやり方であった。

しかし、それではスコットランドが大きな障害となることは明らかであった。というのも、当時のイングランド王はスコットランド王でもあって、イングランド議会が推挙する王がスコットランド側から拒絶された場合、スコットランドが別の王候補を担ぎあげる可能性はつねに残されているからである。そして、その可能性は、イングランドとスコットランドとの間での戦争の可能性を意味するものでもあった。

その可能性をつぶす有効なやり方としては、イングランドがスコットランドと一つの国になることで、同一議会のもとでの政治的意思決定としてイングランドの思惑どおりの王位継承を行うことであった。ゆえに、最初のジャコバイトの乱以降のイングランドの政治的関心は、いかにスコットランドを併合するかという点に向けられる。

一七〇一年にイングランド議会が一方的に王位継承法を定めたことに対してスコットランド

では反撥が起こった。それは当然の話で、イングランド王兼スコットランド王の継承者にかかわる話であれば、スコットランド側にも相談し、コンセンサスをとってしかるべきであったのに、イングランド側はそれをしなかったのだ。そこで、一七〇四年、スコットランド議会は独自の王位継承権を確保するための安全保障法を制定した。すると、それに対する制裁としてイングランド議会は一七〇五年に外国人法を定め、スコットランド人を他の外国人と同様に取り扱い、これまでの経済的優遇措置を取り消す（イングランド国内のスコットランド人たちの資産に特別に課税する）という措置をとった。

グレンコーの虐殺以降、反イングランド感情はスコットランドに根付いていたし、スコットランドに強気にでるイングランド議会のやり方はかなり不評であった。

また、スコットランドの投資家たちは、イングランド人をあまり信用していなかった。たとえば、イングランド銀行創設者のウィリアム・パターソンが一六九七年に立ち上げたダリアン計画は、当時スペインの支配地域であったパナマのダリアン地峡に植民地を建設するというものので、当初はその出資をスコットランドとイングランドが半分ずつ受け持つはずであったが、イングランド側は議会の反対により手を引き、スコットランド側のみでそれを行うことになった。しかし、マラリアの流行や、飢饉《ききん》、スペインの襲撃などにあい、入植者はほぼ全滅し、スコットランドの投資家は資産を失い、大恐慌を引き起こした。この損失補償のためにも、イングランドと合同する方がよいと考えるスコットランド人も大勢いて、イングランド側はその経済的恩恵をちらつかせながら合同を呼びかけてもいたのだが、この一連のやり取りもまたイングランドの腹黒さを印象づけるものであった（とはいえ、イングランド側のなかには、経済的に後進国であるスコットランドとの合同に懸念を示すものもいたのだが）。

いろいろなメリット・デメリット、信用と不信が渦巻くなか、一七〇六年一〇月、国王代理としてクィーンズベリー公ジェイムズ・ダグラスが合邦条約（案）をスコットランド議会に提出し、本格的に両国の合同が審議された。そして、翌一七〇七年一月に、二五条の全条項が可決されることになったのだが、第二二条の連合議会における議員構成数については、スコットランド貴族たちの間でも大いに不満の声があがった。というのも、連合議会におけるスコットランド側の議席数は、上院一六議席、下院四五議席であり、それに対し、イングランドは上院一九〇議席、下院五一三議席だったからである。大都市ロンドンなどを有するイングランド側からすれば人口比（約五対一）に基づくこの議席配分はそこまで不公平ではなかったのであろう（国家財政規模でみれば、四〇対一であったともいわれる）。

しかし、イングランドに匹敵するほどの広大な国土を有するスコットランド側からすれば、対等なはずであった王国同士が合体したすえのこの議席配分はやはり不平等に感じられた。もし今後スコットランドにとって重要な法案が提出されたとき、その命運はイングランド側が握ることになるわけである。それに、スコットランド議会の議席数が約二〇〇議席だったことを考えると、合同の結果、三分の二以上のスコットランド議員が失職するわけで、この合同法の内容は、スコットランド側の勢力を削ぐようなものであった。

合同推進派のスコットランド貴族たちは、両国合同以降も自分たちスコットランド人の権益が保護されることを証明する必要があった。そこで、イングランド国教会の影響力がスコットランドに及ばないことを保証する「スコットランド教会保全法」を可決、制定し、合併後にも宗教的自由が認められ、教会財産が保障され、教会のパトロンであった貴族の身分が保障されることを印象づけた。

こうして、一七〇七年、長きにわたって対立してきたイングランドとスコットランドはようやく一つとなり、かつての同君連合の祖であるジェイムズ一世（スコットランド王ジェイムズ六世）が夢見たグレートブリテンが完成した、というわけである。

愛国者？　騒乱者？

しかし、火種はまだくすぶっていた。スコットランド王家出身のスチュアート朝直系の王ジェイムズ二世を排除した「よそもの」のウィリアム三世は、グレンコーの虐殺からもわかるように、スコットランドに対して決して親和的とはいえなかった。そして、ウィリアム三世の妻であり共同統治者である（こちらはそもそもスチュアート朝出身の）メアリ二世は後継ぎを産まなかったので、その妹のアンが次の王位を継承することになった（在位一七〇二〜〇七）。流産を繰り返し、なかなか継嗣をもてずにいたアン女王であったが、だからといって、名誉革命で追放したジェイムズ二世の息子（アンにとっては異母弟）ジェイムズ・フランシス・エドワード・スチュアート、別名「老僭王」を呼び戻すことは名誉革命体制の転覆であり、議会はそれを強く懸念していた。アンがなくなったとしても、その後はプロテスタントのみに王位継承権があるように王位継承法が一七〇一年に定められたが、次の王を決めなければならないという課題は残っていた。そしてその白羽の矢は、ジェイムズ一世の孫でドイツのハノーファー選帝侯に嫁いだゾフィー（ソフィア）に立つことになる。ただし、アン女王は自身の存命中にはゾフィーがブリテン島に上陸することを望まず二人は面会しなかった。そのままゾフィーは一七一四年六月に死去し、そのおよそ二か月後にアンも死去した。

ゾフィーは王座につくことはなかったが、王位継承権はその息子ゲオルク・ルートヴィヒが引き継ぎ、一七一四年八月にグレートブリテン王ジョージ一世として即位することになった。これによりハノーヴァー朝がはじまるのだが、それは、フランスに亡命していた老僭王、そしてその息子チャールズ・エドワード・スチュアート（別名「小僭王」）といったスチュアート朝の直系の廃位を決定づける出来事であった。

スコットランドの一部の氏族からしてみれば、イングランド（を核としたグレートブリテン）はいよいよスコットランドを属国化しようとしているようにもみえた。これを背景として、一七一五～一六年、そして、一七一九年のジャコバイトの乱がスコットランドで起きた。

一七一五年にはじまるジャコバイトの乱では、アン女王時代のグレートブリテン体制においてスコットランド担当大臣まで務めたスコットランド貴族のマー伯ジョン・アースキンが、スコットランドの独立と自由を守るという名目でジャコバイト側についた。しかし、かならずしもそれは愛国的なものが動機であったとはいえない。

アースキンは一七〇七年の合同法を支持しており、その政治的スタンスでいえば議会主導の政治体制のもと政治的自由や宗教的寛容を提唱する（いわゆるリベラル派である）ホイッグ党よりではあった。しかし、国教会体制を強く信奉するアン女王が国教会以外の宗教に対し批判的なトーリー党を重用したこともあり、アースキンはその後トーリー党に加入し、女王の側近となったという経緯があった。だからこそ、アンと対立気味であったゾフィーの息子であるジョージ一世とその信頼が厚かったホイッグ党政権からは疎まれ、ジョージ一世の即位後にその職を解任され、爵位を剥奪された。ほかにも、同様に解任されジャコバイトとなったボリングブルック子爵ヘンリー・シンジョンなどもいる。合同法以降のジャコバイトの乱は、名誉革命体制からグレートブリテン体制、そしてスチュアート朝からハノーヴァー朝への変遷のなか、さまざまな利害関係が生み出したものともいえる。

このようなハノーヴァー朝成立後の混乱を好機とみなし、大陸に亡命していた老僭王はジャコバイト蜂起を呼びかけた。アースキンは一七一五年の九月に挙兵したが、それに与したスコットランド貴族の活躍もあり、エディンバラとグラスゴー、そしてスコットランド西部アーガイル公領を除いて、ほぼスコットランドの全域を支配した（その功績により、老僭王はアースキンに公爵の爵位を与えている)。その勢いはイングランドにも及び(イングランドにもジャコバイトは存在していたので)、この反乱はグレートブリテン成立以降、国家を揺るがす一大事件となった。

アースキン率いるジャコバイト軍の鎮圧に向かったのが、マクドナルド氏族を排除してハイランドにその影響力を及ぼしていたキャンベル氏族出身のアーガイル公ジョン・キャンベルである。彼やその子孫は旧来イングランドの議会派(その後のホイッグ)との結びつきも強く、イングランド側からの支援も受けて、最初は劣勢であった戦況を覆した。老僭王は一七一五年の年末から翌年にかけて大陸から戻ってブリテン島に上陸していたが、不利な戦況をみてフランスへ撤退し、一七一五年にはじまったこのジャコバイトの乱は終わりを告げた(アースキンもフランスへと逃げ、最後は遠く離れた神聖ローマ帝国領内にてその生涯を終えた)。

その結果、この反乱に参加した多くのジャコバイトは死刑を宣告されたが、恩赦によって釈放され、スコットランドに戻るものもいれば、アメリカに渡るものもいた。ただし、グレーガー氏族(マクレーガー氏族)はその恩赦の例外とされ断罪されたが、そのなかには、ロバート・ロイ・マクレーガー(通称「ロブ・ロイ」)もいたとされる。

この頃になると、スコットランドに対するフランスのスタンスも変わってくる。フランスではまだ子どもであったルイ一五世が一七一五年に王座についたこと、ルイ一四世のときの戦争債務もあったことから、イングランドとの間で融和路線をとることになり、それは、一七一六年の英仏条約の締結という形で具現化した。それはフランスがスコットランドと距離を置くことを意味しており、老僭王は亡命先であったフランスを出国し、ローマに移り住んだ。こうした状況下、スコットランドのジャコバイトはフランスを頼ることが困難になった。

そうしたなか、ジャコバイトを利用しようとしたのがスペインであった。一七一三〜一五年のユトレヒト条約によるグレートブリテンの独り勝ちのような状態への不満、植民地回復、制海権の回復のため、イングランドの力を削ぐ必要があったのだ。一七一九年、ジャコバイトを支援するスペイン軍はスコットランド南西部から上陸した。うまくゆけばジャコバイトはそのバックアップのもとロンドンに進軍し、老僭王を復位させるつもりであった。スコットランド側からはマーシャル伯ジョージ・キースが参加した（彼は一七一五年の反乱にも参加していた）。作戦は、ハイランドの拠点であるインヴァネスをおさえ、ハイランド側とイングランド南西部からイングランドを侵攻するというものであったが、作戦の遅延などもあってうまくいかず、仕方なくスコットランド西部のアイリーン・ドナン城を拠点とするにとどまった。海上からスペイン軍が支援しながら南進する予定であったが、グレートブリテン軍がスペイン軍を破り海側をおさえた。さらにインヴ

アイリーン・ドナン城

ァネスから南下するグレートブリテン軍が迫り、じり貧となった結果、アイリーン・ドナン城が陥落し、しばらくのちに投降してこの一七一九年のジャコバイトの乱は終わりを告げた。

しかし、情勢はまたも変わってくる。フランスでルイ一五世の親政がはじまると、グレートブリテンとの間で貿易戦争を戦っていたスペイン国王フェリペ五世（ルイ一五世の叔父）は、対ブリテン同盟としてフランスと協調路線をとることになった。老僭王およびその息子チャールズ・エドワード・スチュアート（「小僭王」）は、これを好機とみて、再度ジャコバイトの挙兵を試みる。

フランスの支援をうけた小僭王は一七四五年に生まれてはじめて母国スコットランドに上陸し、ハイランド氏族と合流した。同年八月にグレンフィナンで大々的に挙兵し、そこからエディンバラに向けて進軍した。スコットランドではこれに激しく抵抗する勢力はいなかった。これはおそらく、グレートブリテンとなったにもかかわらず、スコットランドに目立った経済的利益がなかったことや、貴族階級がその勢力を削がれたことに対する不満が募っていたことなどがあるだろう。

小僭王を支えたのが、スコットランド貴族ジョージ・マレー卿であった。彼は一七一五年、一九年の反乱にも加わり、恩赦で釈放されたが、ハイランド氏族の事情を理解しており、また軍事的ノウハウをもっていたことでこの反乱の将軍となった。グレンフィナンから南下したジャコバイト軍はパースでマレー卿と合流し、その後勢いにのり、九月に小僭王はエディンバラ入りを達成し、スチュアート家の復位を宣言した。さらに、二手に分かれる形でイングランドの国境ベリック・アポン・ツイードとカーライルに侵攻、カーライル、ダービーを落としたが、イングランド側はカンバーランド公ウィリアム・オーガスタスの軍勢によって押し戻し、一二月にはジャコバイト軍はスコットランドに撤退した。

ジャコバイトその後

ジャコバイトはフランス、そして、アイルランドの援助を受けていたが（アイルランドは、カトリック国としての地位の保障を求める思惑からスチュアート朝の復活を望んでいた）、資金力と物資面ではグレートブリテンの方が優位であった。ブリテン軍は海上封鎖をしてフランスからの補給を絶ちつつ、自軍の進軍をサポートしながら随時補給をし、次第にジャコバイト軍を北部に追いやっていった。そして、一七四六年六月カロデンの戦いで両軍は激突し、ジャコバイト軍は決定的な敗北を喫した。小僭王は命からがら大陸へ逃げ、その後、イタリアで生涯を過ごし、二度とスコットランドの地を踏むことはなかった（ジャコバイトが認める王位継承権は、その弟ヘンリー・ベネディクトに移ったが、ヘンリーはローマで聖職者となり、王位を主張することはなかった）。これ以降、ジャコバイトの乱が起きることはなかったが、カンバーランド公がこの敗残兵を徹底的に虐殺したことは、「イングランドはスコットランド人を弾圧した」という根拠として、その後に遺恨を残すことになる（カンバーランド公は「虐殺者」と呼ばれるようになった)。

第三節　変わりゆくハイランド

ジャコバイトの乱の影響

一七四五年のジャコバイト蜂起は、スコットランドの存在感を悪い意味で目立たせるような大規模な反乱劇であった。その背景には、合同後も恩恵を得られないハイランド氏族たちの不満と、スチュアート朝に誇りをもつがゆえのハノーヴァー朝に対する嫌悪感というものがあった。結局は、グレートブリテン化できない、スコットランドのナショナル・アイデンティティがそこにあったことが大きな理由といえる。そして、最後のジャコバイト蜂起のあとの一八世紀後半からは、このアイデンティティが薄れゆく時代となる。

ブリテン政府からすれば、合同以降のスコットランドの窮状はスコットランドの責任でしかなかった。とりわけ、ハイランドの領地運営体制は非効率的であり生産性が低く、また、イングランド化して経済発展を遂げようとしていたローランドと政治的、文化的に断絶していることも問題であった(ハイランド人たちはときにローランドに出向き、略奪行為すらしていた)。その自業自得の困窮から不満がくすぶり反乱につながっている、というのがブリテン政府の見方であり、したがって、ハイランドを改革することが、グレートブリテンにとって必須の政治的課題となった。

当時のハイランドは、氏族（クラン）と地主（タックスマン）、そして、土地を借りて生計を立てる小作農からなる地条制度（ランリグ）であった。氏族はその土地の軍役を担う世襲的身分であり、地主は氏族の許可のもと土地を管理し、それ以外の多くの人々は地主より土地を借りて、小作農を行うか、（ハイランドは農耕地も少なかったので）羊の放牧などをおこなっていた（氏族には土地持ちもいたが、土地をもたずして君臨しているものもいた）。トラブルなどがあった場合は氏族が仲介や裁定をしており、ハイランドはそれぞれの氏族がそれぞれの土地を統治する独立共同体ともいうべきものであった。

ハイランドの発展にはこうした制度が障害となっていると判断したブリテン側は、一七四六年八月一日に剥奪法を発効させ、スコットランド側にさまざまなものを禁止した（そのなかには衣装法のように、氏族であることを誇示するようなハイランド衣装を禁じるものもあった）。その後、この法律を根拠に、相続司法権法によって氏族の世襲的裁判権を、そして、氏族軍を廃止した。それ以前も一七一六年に武装解除法が施行されていたのだが、それが徹底されなかったこともあり、これらの禁止法によって衣装をも含めて徹底的にハイランドを変革しようとブリテン政府は考えた。

ただし、権限をすべて奪うと再度反乱が起きかねないので、その土地の管理権は残すことにした（ジャコバイトの乱に参加していた氏族の土地は買収し、競売にかけられたが）。もっとも、地主特権はなくなり、税金をきちんと支払うという条件つきであり、武装を解除された氏族は軍役も略奪ももはや不可能であったので、その土地を誰かに売りさばくか、あるいは、地主としてきちんとした領地経営のもとで地代を払わねばならなくなった。こうして、氏族制度は解体され、ハイランドの地主にはより合理的な領地経営が求められるようになったのである。

荒廃するハイランド

この構造改革は意図せずして、スコットランド人にとってグレンコーの悲劇と並ぶほどの、その後の記憶に長く刻まれる悲劇を生んだ。それこそが「ハイランド・クリアランス」であり、一八世紀後半から一九世紀前半までそれは続くことになる。

氏族解体政策のもと、合理的な領地経営を義務づけられたハイランドの地主たちは、より効率的な生産活動をしなければならなかった。ハイランドは岩山が多く荒涼としていることもあり、それぞれの小作農に小規模の土地を貸し出してそこで得られたほんのわずかな収穫からの収入に頼る従来のやり方よりも、まとまった広さの土地で羊の放牧と羊毛産業を行う方が理にかなっている、と地主層は考えた。そこで、個々の小作農に貸していた土地から彼らを引きはがし、大規模放牧をはじめたのである。

この結果、小作地を借りていた小作農（クロフター）は、代々耕作をしていた土地を追い出されることになった。もちろん、嫌がる小作農もいたが、そうした場合、暴力や放火などによって強制退去（クリアランス）の憂き目にあうこともあった。土地を追い出されてアメリカやカナダといった新天地を目指したものもいれば、ロンドンやグラスゴーなどの大都市で工場労働者となるものや、郊外で炭鉱労働者となるものもいた。また、周辺の海岸部・島嶼部でほそぼそと漁業や放牧をしながら暮らす人もいた。しかし、どこかで生計を立てられるのはまだまな方で、なかには人買いに騙されて、奴隷《どれい》として海外で売られるというケースさえあった。

ハイランドには地域を担う人々がいなくなって空洞化が生じ、長期的にはハイランドはその後もずっと貧しい地域となってしまう。文化を奪われ、経済的な衰退を引き起こしたこうしたハイランドの大改革は、「スコットランド人はイングランドに苦しめられてきた」という意識を定着させ、その後の世代にそれを伝えてゆくことになる。

ただし、文化的衰退という文脈のもとで誤解されやすいのでここで注意しておきたいのは、ハイランドの人々が使用していたゲール語の使用自体は法的に禁じられたわけではない、という点である。実際に、一七七〇年代までは、ハイランドでは牛の売り買いでゲール語が使われていた。もっとも、ハイランドの教育機関で英語が普及したこと、そして、ゲール語の担い手であるハイランドの人々がローランドやイングランド各地へ散らばっていったこと（そして戻ってきた場合も、他地域と仕事をする際に英語を使うようになったこと）があり、それがゲール語の衰退へとつながったと考えられる。

こうして、スコットランドの独立的な王朝は一七世紀にはなくなり、一八世紀初頭にはスコットランドはイングランドに合併させられる形でグレートブリテンの一部となり、一八世紀半ばにはスコットランド王家であるスチュアート朝の再興の希望も断たれ、さらにハイランド文化の衰退も進み、いよいよ、スコットランドのアイデンティティは消滅の一途をたどるかのように思われた。

しかし、スコットランドという王国が育んできた文化的土壌はそこで枯れることはなく、むしろ、ここからさまざまなものが生まれ、その存在感を世界中に知らしめてゆくことになる。次の章からは、かつてのスコットランド王国が育んできた思想や文化についてみてゆこう。

Column スコットランドの地酒「ウイスキー」

名誉革命体制は、スチュアート朝の直系男子継承者であるジェイムズ二世（スコットランド王ジェイムズ七世）やその子孫を排除した点で、スコットランド人、とりわけ古い考え方をもっていた——つまりは、経済政策や国際情勢よりも、血筋と面子を重んじる傾向の——ハイランドの人々に嫌悪感を与えるものであった。また、一七〇七年の合同法によってイングランドと対等の立場に立つどころか、イングランド中心のグレートブリテンの一地方になり下がり、エディンバラの王座は空位となり、ロンドンにのみ王座が置かれることなったことは、スコットランド人のプライドをひどく傷つけた（東京奠都《てんと》によって現在の皇居を有するようになった東京に対し、かつての都であった京都の人々が抱く感情とでもいえばよいだろうか）。

　また、名誉革命体制に迎合し、合同法のもとグレートブリテン議会の議員となったスコットランド貴族であっても、イングランド貴族が多数派の議会で冷遇されたり、政治的実権を奪われたりすることがあった。その一人が本文でも紹介したマー伯ジョン・アースキンであるが、老僭王から公爵位を授けられるなど、ジャコバイトのとりまとめ役として一七一五年の反乱を指導した彼は、スコットランドの地酒、「ウイスキー」を嗜んでいたことがわかっている。

バルヴェニー蒸留所

　マー伯アースキンはそれを鎮圧したアーガイル公ジョン・キャンベルとの対話で、「ウイスキーで我々の脳は狂乱し、嗅《か》ぎタバコによって我々の銃に火がつけられることでしょう」と語っている。ここではジャコバイト蜂起を率いたハイランドの大物が、ゲール語のウシュケバーが転訛《てんか》した「ウイスキー」を、辺境で暮らす自分たちスコットランドの（勇猛な精神の）文化の一端とみなしていたことがうかがえる。この様子は、スコットランド国立図書館に所蔵されている一七一五年頃の大判印刷物（新聞というよりチラシ）にその対話が謡われている（詳しくは中村［2021］）。

この時期にはブリテン政府によってモルトに課税され――とはいえ、当初の予定より少し遅れた課税であり、多少なりともスコットランドへの配慮があったのだが――それから作られるウイスキーにも課税され、蒸留業者たちは山奥で密造・密輸をはじめた頃であった。そんな密造酒を地酒として嗜みつつ勇気を奮わせていたハイランドの人々は、ブリテン側のイングランド人からすると、ケチで無法な野蛮人であった。

こうした偏見のもと、ハイランドの改革は必須とされ、それゆえの氏族解体、そしてその結果としてのハイランド・クリアランスが生じたといえる。こうした「失われたスコットランド」を懐かしみ、それが忘却の彼方《かなた》へと去らないよう、文学作品などの形で残そうとしたのが、一八世紀以降からのスコットランドにおけるロマン主義運動であり、ロバート・バーンズやウォルター・スコットといった天才的文人たちの擡頭であった。

第五章
スコットランドの宗教的変遷

第一節　ケルト系キリスト教

これまでは、スコットランドという王国の形成と変遷、そして、グレートブリテンへの併合により、独自の国家ではなくなってしまったその歴史をたどってきた。しかし、彼らが築き上げてきたものがすべて消え去ったわけではないし、そのいくつかは、近代以降においてもスコットランド文化――そのままのものもあれば、形を変えたもの、あるいは再生されたものもある――として生きつづけ、世界全体へとその影響力を及ぼしているものもある。ここからは、そうしたスコットランド文化の土壌がどのようにできあがっていったのかについて、「宗教」や「教育」といった観点から、そのことをみてゆこう。

新石器時代

スコットランドの原始宗教はいまだ謎に包まれている。実は、スコットランドにいくつか残されているストーンサークルなどの環状列石や羨道墳《せんどうふん》などは現代から約五〇〇〇年以上も昔の新石器時代につくられており（エジプトのピラミッドよりも古いとされる）、これは大陸のケルトが海を渡って島のケルトとなる以前に、ブリテン島北部（オークニー諸島など）に自然崇拝の先住民がいた証拠とされている。ローマ人が語るケルト系ピクト人以前のこの先住民を便宜上「ピクト人」と呼ぶ場合もあるが、両者が同じ民族であるという保証はない（前者はいわゆる「島のケルト」としてのスコットランド系ケルト人であるが、彼らが西からやってきて定住するはるか以前に、先住民である後者が暮らしていたので）。

メイズハウ羨道墳

とりわけ、前三五〇〇年頃につくられたとされるオークニー諸島メインランド島の羨道墳メイズハウは、冬至になると、太陽の光が羨道を通じて中央石室に差し込むという、高度な天文・建築理論に基づいた設計となっている。鉄器や戦車を用いていたケルト人以前の新石器時代に、このようなかなり正確な天体観測装置ともいうべき遺跡が存在することは驚きであるが、それがかえって、スコットランドの先住民についての謎を深めている。同様の遺跡としては、アイルランドのニューグレンジもそうである。他にも、数々の遺跡があり、なかには絵画や彫刻などの痕跡を残すものもあるが、いずれも、太陽や自然を崇拝しつつ、死後の再生を信じるいわば輪廻《りんね》思想をもっていたと思われる。

こうした先史文明がどのように島のケルトの文化へと接合していったのかは謎であるが、ローマ軍がブリテン島に到来する頃には、ドルイド（ケルトの神官）を中心とした統治社会が形成されていた。

ニューグレンジ羨道墳

キリスト教以前

中東からローマへ、そしてローマからアイルランド島とブリテン島へとキリスト教が伝来する以前、ケルト人が大陸から移住していたアイルランド島とブリテン島ではケルトの宗教とも呼ぶべきドルイドの教えを中心とした祭司集団が存在し、それは政治的意思決定や裁判にも携わっていた。彼らは自然を崇拝し、オークの木、なかでもヤドリギが寄生したものを神聖視していた。

また、ケルト人たちは新石器時代の先住民同様、太陽信仰および再生・循環の思想ももっている。たとえば、ケルトの暦では、一日のはじまりは日の出ではなく日の入りである。これは、太陽が沈み切ってしまい、そこから次第に太陽の力が増してゆく「暗闇」の時点をスタート地点としてとらえていたということである。一年も同様に、太陽が短くなる暗い冬の時期を新年のはじまりとしていた。こうした世界観は、我々がよく知っているハロウィンにも反映されている。ケルト社会における元旦は一月一日ではなく一一月一日であり（太陽がかなり短くなる）、そして、一〇月三一日の日没以降（夜）こそがその一一月一日のはじまりであった。その新年祭は、「サウィン」と呼ばれていた（サウィン〔Samhain〕とは「夏の終わり」の意）。

ハロウィンの原形であるサウィンでは火を焚《た》き、明け方各自がその火を持ち帰って家の竈《かまど》に灯すことで、悪い妖精（シー）を追い払うことができる、とされていた。ケルト文化圏においてよく登場するこのての妖精は、あの世とこの世を行き来し、ときにこの世の人間をあの世に連れていったりもする。日本でいえば、常世《とこよ》と現世《うつしよ》を行き来して神隠しをする天狗のような物《もの》の怪《け》の類である。こうした妖精の存在は、民衆や吟遊詩人たちがうたっていたバラッドにも残されている。『うたびとトマス』というバラッドは、四〇日間の旅の末に妖精の国に連れてゆかれた詩人トマスのことがうたわれている（その詩人トマスは、並々ならぬ予知能力をもっており、妖精の国にてそれは授けられた）。この「四〇日」というのは、旧約聖書などでしばしばみられるものであって（ノアの方舟《はこぶね》のエピソードで四〇日間雨が降りつづいたこと、シナイ山に上ったモーセが神から十戒が刻まれた石板を受け取るのに四〇日を要したこと、など）、中世のケルトのバラッドには、ケルト以降伝来したキリスト教の要素が混じり合っているのではないか、という解釈もある。

しかし、キリスト教的世界観においては常世と現世は地続きではないことに注意が必要である。死者は天に召されるものであり、天と地は基本的に交わることはない。また、太陽や森も神の創造物であってとくに神聖であるわけではなく、神とその教え、そしてそれを体現する教会（もしくはその教えに準じて生活する場所としての修道院）こそが神聖なものである。森に神はいないので、その森を切り開き、食料を増産し、町や教会をつくり、神の意志に沿って産めよ増やせよと人口を拡大することがよしとされる。そして布教活動によってキリスト教徒を増やすことで神の教えが世界を覆ってゆき、最終的に全人類は救済される。こうしたキリスト教的価値観に基づく営みは、自然との共存というより、自然の克服の方向へと進みがちであった（しかし、それでもなお、スコットランドやアイルランドにおいては森や水、風といったものにスピリチュアルなものをみいだす文化が受け継がれてきた）。

五世紀に入ると、大陸から――ローマ帝国の国教ともなっていた――キリスト教が本格的に伝来し、ケルトの宗教にとってかわってゆく。以後、スコットランドはキリスト教の国となって現在に至るのである。もっとも、そのキリスト教も、①古代のケルト系キリスト教、②中世のローマ・カトリック、③近代以降のプロテスタンティズム（カルヴァン派長老主義）というように、その主流となるものが変化してゆく。そして、こうした変遷を通じた社会構造と国民意識の変化こそが、スコットランドに独自の文化とアイデンティティをもたらしたのであった。

キリスト教第一波

スコットランドのキリスト教は、まずは聖ニニアン（三六〇頃～四三二頃）の布教活動からはじまったとされる。ニニアンについてははっきりとした文書が残されているわけではなくあくまで伝承であるが、その素性はカレドニア（のちのスコットランド）のケルト人ではなくブリトン人であり、ローマでキリスト教を学んだといわれている。その後、ブリテン島中部のウィトホーンに「カンディダ・カーサ（白い家）」と呼ばれる修道院をつくりそこを拠点とし、南部ピクト人（ハイランド南部で暮らしていたとされるケルト系住民）に五世紀頃に布教したことから「南方ピクト人への使徒」と呼ばれた。これが、スコットランドが最初にキリスト教と触れた時期であり、この五世紀頃がスコットランドのキリスト教化の第一波といえる。

キリスト教第二波

しかし、自然崇拝的なケルトの世界観のもとで暮らしていたスコットランド系ケルト人たちの間では、キリスト教はあまり定着しなかった。それもあり、彼らはアイルランドにおけるケルト系キリスト教の祖である聖パトリックから「背教のピクト人」と呼ばれることもあった。

第二波は六世紀にやってきた。聖パトリックがアイルランド島に持ち込んだキリスト教に影響を受けたアイルランド人の聖コロンバ（五二一～五九七）がスコットランド西部のアイオーナ島を拠点として中部および北部ピクト人へ、同時期に聖マカーが東部（おそらく現在のアバディーンやセント・アンドリューズあたり）へとキリスト教を布教した。聖コロンバの伝記を書いたのがその後のアイオーナ修道院長だったアダムナーン（六二七／六二八〜七〇四）であり、その記録はコロンバやアイオーナ修道院を知るうえで重要な現存資料となっている。

これらの聖人の名前やその足取りはあまり知られてはいないが、アイオーナ島を拠点としていた聖コロンバは、インヴァネスでピクト人の王ブレディィに洗礼を施し、さらにはネス湖で暴れていた怪物を鎮めたとされる人物であり、その怪物がかの有名な「ネッシー」であったのではないか、といわれている。

アイオーナ修道院

キリスト教第三波

第三波のうねりは、ローマ帝国崩壊後のアングロ・サクソン系ゲルマン人の流入とそれにともなう諸王国の成立から生じた。ここに大きな役割を果たしたのがノーサンブリア王国であった。

七世紀前半、アングロ・サクソン七王国の一つであるノーサンブリアは、現在のイングランド北東部ノーサンバーランド州周辺を支配していたが、もともとは南スコットランドと北イングランド、そして一時はイングランド中部にまでまたがる一大王国であった。六三四年に即位したノーサンブリアのオスワルド王（六〇四頃〜六四一／六四二）は、もともとは同支配地域で分裂していたバーニシア王国生まれで、その片割れのデイラ王国を再統一した名君であり（オスワルドの母はデイラの王族出身）、このオスワルドとその弟オスウィこそが、スコットランドのケルト系キリスト教に影響を与えるキーパーソンとなった。

　オスワルドの父は、アングル系王国のイーストアングリアと戦い敗死し（六一六頃）、新たにノーサンブリアの王となったのはオスワルドの母方の伯父であった。王位継承権をもっていたオスワルド兄弟は流浪の旅に出て、ダルリアダ王国にその身を一時寄せたが、その頃にケルト系キリスト教に入信したといわれている。

　その頃、ウェールズの前身でもあるグウィネッズ王国は、マーシア王国と手を組んでノーサンブリア王国に攻め込み、敗れたノーサンブリアは再度バーニシアとデイラに分裂した。オスワルドの兄インフリスがバーニシア王国を統治したが、勢いあるグウィネッズ王国との戦争によって敗死してしまう。その後継者となったオスワルドは、ヘヴンフィールドの戦いで、ピクト人たちの力を借り、仇敵グウィネッズ王国と対決した。その決戦前夜、聖コロンバが夢に現れて勝利を告げられたが、実際お告げどおりに勝利し、その勢いのまま再度バーニシアとデイラを統合し、南スコットランドと北東イングランドにまたがる統一王国ノーサンブリアを再興した。

オスワルドは、キリスト教をもちいてノーサンブリアの統治を固めようという思惑をもっていた。そこで、かつて身を寄せていたダルリアダ王国に依頼し、アイルランドの僧侶をノーサンブリアに送ってもらったが、最初はその試みはなかなかうまくいかなかった。

そこで、さらにオスワルドは再度ダルリアダへ依頼したが、そのときやってきたのが、アイオーナ島の僧侶であった聖エイデン（?〜六五一）であった。エイデン一行は、現在のノーサンバーランド東部の海岸から少し離れた島リンディスファーン（Lindisfarne）を与えられ、そこに修道院を建造した。そこは、七九三年にはじまるデーン人（ヴァイキング）の襲来までは、南部スコットランドと北東部イングランドにまたがるケルト系キリスト教の宗教的中心地として発展した。

第二節　カトリックの定着

キリスト教第四波

名君オスワルドは隣国マーシアとの戦いに敗れて戦死したが、その後を継いだ弟オスウィ（六一二頃〜六七〇）は兄の仇《あだ》を討ち、マーシアを勢力下に収め、ブリテン島においてかなり広い領域を支配した。

オスウィは多くのアビー（大修道院）を建造し、キリスト教の普及に努めた。しかし懸念もあった。彼は兄と同様にケルト系キリスト教に入信したが、それは、大陸で勢力を誇っていたローマ・カトリックといくつもの点で異なるものであった。たとえば、復活祭の日付、修行の仕方、剃髪《ていはつ》部位など細かい点だけでなく、教皇の権威の拒否、女性信徒への寛容さ、ドルイド的な自然崇拝との共存など、中心的教義にかかわる点でも大きな違いがあった。

他のアングロ・サクソン諸王国、とりわけケント王国では六世紀末から七世紀初頭にかけて聖アウグスティヌス（?〜六〇四／六〇五）が布教することでカトリック式が徹底され、大陸との結びつきが強化されるとともに、統一的に人々をまとめあげることに成功していた（ローマ的な司教制度の導入など）。大陸との結びつき、そして周辺諸国との関係上、ローマ・カトリックを軽視できない情勢のなか、六六四年、オスウィはケルト系キリスト教関係者と、ローマ・カトリック関係者とを集め、ウィトビー教会会議を開催した。その結果、ノーサンブリアにおいてもケルト系キリスト教ではなく、ローマ・カトリックを徹底することが決まったのである。

これに対する反撥として、当時、リンディスファーンの主教だったコルマンはそれに納得できず、僧侶三〇人を連れてアイオーナ島へと去っていった。しかし、カトリック化の波は、ノーサンブリアだけでなくダルリアダ王国やピクト族の社会集団へと次第に浸透してゆき、スコットランド、そして、ブリテン島全域がローマ・カトリックの影響下に置かれることになった。

この頃のノーサンブリアの有名な聖人として、聖カスバート(六三四頃～六八七)がいる。彼の出自はアングロ・サクソン系であるが、現在のスコットランド・ボーダーズ地方近くのイーストロージアンで生まれた。言い伝えによると、六五一年のある夜、天使に連れられて天国へと向かう聖エイデンが枕元に現れ、そこで修道僧となることを決意したといわれている。カスバート自身はケルト系キリスト教で育ったが、その師であり、リンディスファーン修道院長で彼の前任者であったエータ(?～六八六)の影響のもと、ウィトビー教会会議以降はローマ・カトリックに帰依することとなった(エータは聖エイデンの弟子であり、リンディスファーンの姉妹修道院であるメルローズ修道院の創設に携わっていた)。

聖カスバートなきあと、ノーサンブリアをはじめとするアングロ・サクソン七王国は最終的にはウェセックス(のちのイングランド)に統一されるわけであるが、その後、デーン人(ヴァイキングなど)の襲来に悩まされることとなった。有名なアルフレッド大王(ウェセックス王：在位八七一～八九九)もその問題に対処するために苦しんだようだが、枕元に聖カスバートが現れていろいろ有益なアドバイスをすることでその撃退に成功し、以降イングランドでは有名な守護聖人として崇められている。この頃は、スコットランド対イングランドという構図はなく、カレドニア人やダルリアダといったケルト系住民とゲルマン系のノーサンブリア王国とは比較的良好な関係にあった。

しかし、こうした聖人たちを差し置き、スコットランドにおいて最も有名な守護聖人はやはり聖アンドリュー（聖アンデレ）であろう。十二使徒のうちの一人である聖アンドリュー自身は、生前はスコットランドとかかわることはなかったが、しかし、スコットランドにとって欠かせない守護聖人である。たとえば、スコットランドの国旗は「青地に白の斜め十字」であるが、聖アンドリューはこの国旗成立に大きくかかわっている。

前述のケネス一世の統一より少し前の八三二年、ピクト人たちがウェセックス王国と戦争になった際、ピクト族の王アンガス・マクファーガスの夢のなかに聖アンドリューが現れて勝利のお告げをし、目が覚めると青空に、かつて聖アンドリューがそれによって殉教した斜め十字架を思わせる十字状の白い雲がかかっていた。聖アンドリューはローマ帝国につかまって処刑される際、イエスと同じ形状の十字架では恐れ多いので、違う形状のもので処刑してほしいと嘆願し、斜め十字のもとで殉教したのである。この夢と、その後の空模様を吉兆としたピクト軍がいっきに攻め込んで大勝利を収め、以降、それはピクト族アルバ王家における勝利の旗となり、ダルリアダ王国と合併した統一アルバ王国、ひいてはスコットランドにおいて正式に国旗となった。

他にも聖アンドリューとスコットランドとのつながりを示す逸話はある。聖アンドリューの死後三〇〇年たった頃、レグルスというギリシア人修道僧が、聖アンドリューの遺骨をもって航海していたところ、船が引っ張られるようにスコットランドの東海岸へとたどり着き、納骨したその場所こそが現在のセント・アンドリューズ大聖堂の前身といわれている。

さて、ブリテン島ではケルト系キリスト教の政治的影響力は薄れてゆき、辺境のアイルランドやウェールズ、コーンウォール、そしてスコットランドのハイランドにその痕跡のみが点在するだけとなった。ヴァイキングの襲撃により、かつてのケルト系キリスト教の中心地であったリンディスファーンやアイオーナといった海沿いの修道院は壊滅し、難を逃れた僧侶は内陸部に移った。しかし、船を巧みに操るヴァイキングは川を上ることもあり、川沿いの内陸部の修道院すらもその襲撃をうけた。ブリテン島のローマ・カトリックも同様の被害を受けたが、しかし、次第にそれは勢力を広げ、ブリテン島において確固たる地位を築くことになる。その一因としては、ケルト系キリスト教は修道院などの出家中心の教えが強い反面、市井の人々への影響がそこまで強くなかったが、それに対しローマ・カトリックは主教制度や教会組織が充実し、市井の人々を囲い込むように町の教会を用意したため、結果として後者の方が生き残りやすかったこともあるだろう。

ケルト系キリスト教の痕跡

イングランドにおけるキリスト教の聖地といえば、ローマ・カトリックをいち早く導入したケント王国（現在のケント州）にあったカンタベリーであるが、ここは前述の聖アウグスティヌスが初代大司教となったところであり、また、カンタベリー大司教トマス・ベケットが対立するヘンリー二世に暗殺され、一一七三年に列聖された場所である。あの『カンタベリー物語』もその聖地を巡礼する人々を綴った物語であった。

では、スコットランドの聖地はどこかといえば、それはもちろん、スコットランド布教の最初の拠点となったアイオーナ島であろう。しかし、ここはカンタベリーと異なり、早い時期に廃墟《はいきょ》となってしまった。というのも、八世紀終盤から九世紀初頭にかけてたびたびヴァイキングの襲撃をうけ、八〇六年には修道僧六八人が虐殺され、生き残りはその地を離れアイルランドに――その多くはケルズ修道院へと――避難してしまったからである。そのあと、一二世紀頃ベネディクト修道会が男子修道院と女子修道院を建て管理することとなり、聖コロンバなどの伝承は受け継がれたものの、教えそのものはローマ・カトリックに帰依するものとなった。しかし、一五六〇年のスコットランド信仰告白以降、プロテスタント化したスコットランドにおいてカトリックにまつわるこの修道院は放置され、その後、廃墟化が進んだ。その文化的価値が再確認され、復興がはじまったのは一八九九年頃であった。

ケルト十字

とりわけ、その文化的痕跡は、十字架や福音書の装飾写本といったものに残されている。いわゆるケルト紋様の図柄や絵柄や、土着の価値観や美意識がそこに反映されている。

ケルト十字については、古くはキリスト教成立以前よりスコットランドにその図柄が残っているものもあるが（ルイス島のカラニッシュ・ストーンサークルはケルト十字状に建てられた環状列石である）、キリスト教伝来以降はケルト系キリスト教のもと、信仰の証となりその一部が残されている（アイオーナ島やアイラ島など）。五世紀から七世紀にかけて、初期のケルト十字がつくられたとされているが、初期のものは石に十字架を掘るなどしたもので、独立したケルト十字として、そこに聖書の場面や聖人が彫られるような凝ったものとなったのはそれ以降

ケルティックノットが刻まれた祭具

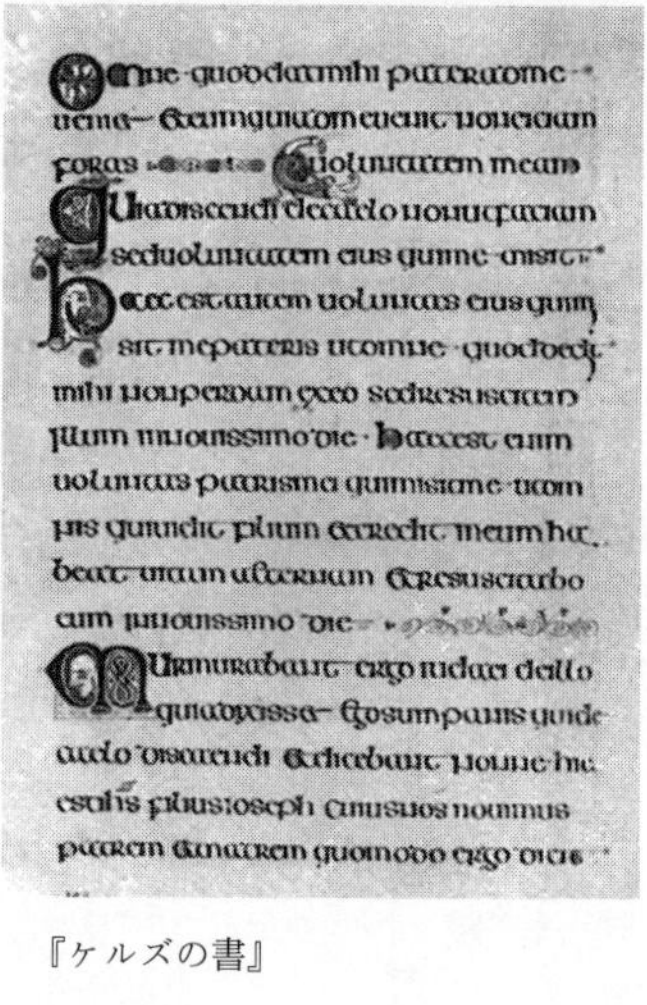
Omne quod dat mihi pater ad me
ueniet et eum qui uenit ad me non eiciam
foras uoluntatem meam
Quia discendi de caelo non ut faciam
sed uoluntatem eius qui me misit
Haec est autem uoluntas eius qui m
sit me patris ut omne quod dedit
mihi non perdam ex eo sed resuscitem
illum in nouissimo die. Haec est enim
uoluntas patris mei qui misit me ut om
nis qui uidet filium et credit in eum ha
beat uitam aeternam et resuscitabo
eum in nouissimo die
Murmurabant ergo iudaei de illo
quia dixisset ego sum panis qui de
caelo discendi et dicebant nonne hic
est ihs filius ioseph cuius nos nouimus
patrem et matrem quomodo ergo dicit

『ケルズの書』

（少なくとも八世紀以降）といわれている。ケルト十字に特徴的な、十字周辺にかかる輪のようなものは、太陽もしくは車輪の象徴ともいわれているがはっきりしたことはわからない。単に十字部分を補強するためのものであったという説もある。現存するケルト十字のなかには、一八〇〇年代のケルト復興運動以降に建てられたものもあるが、しかし、たとえそうであったとしても近代にまでそれがケルト文化的なものであるという意識が継続していること自体、キリスト教とケルト文化とが共存的に人々の価値観・世界観を形成してきた証といえよう。

さて、ケルトに特徴的な模様は「ケルティックノット」であろう。現在は、一本の線で編みこまれた線状の結び目であったり、それが円状に編まれたサーキュラーノット、などのバリエーションがさまざまあるが、ケルト系キリスト教においてそれは三角のトリトケラ（三位一体《さんみいったい》の結び目）や十字の紋様であった。さらにいえば、渦巻き紋様などもあり、これは太陽や風、水といった古代ケルトやそれ以前の先住民族の自然崇拝のシンボルでもあった。

ほかにも、中世ケルト文化の痕跡を示すものとして、ラテン語装飾福音書というものがあり、それを代表する三大ケルト装飾写本として以下の三点がある。

・『ケルズの書』（アイオーナ島、その後ケルズ修道院で書かれたとされる）
・『リンディスファーンの福音書』（リンディスファーン、もしくはアイオーナ島で書かれたとされる）

・『ダロウの書』（ノーサンブリア、もしくはアイルランドのダロウ修道院で書かれたとされる）

この『リンディスファーンの書』は大英図書館に、『ケルズの書』は『ダロウの書』とともにアイルランドのトリニティカレッジに保管されている。

第三節　前期宗教改革

宗教改革前夜

ローマ・カトリックは、宗教的影響力だけでなく、政治的影響力も西ヨーロッパ中に及ぼしていた。というのも、ローマ教皇から異端とされると、その領土の統治は正当性・正統性を失い、そこに攻め込む大義名分が隣国諸国に与えられかねないので、諸侯はキリスト教を保護し、その意向に背くことのないようにしたり、味方につけたり（あるいは近しいものをローマ教皇にするなどしたり）していたからである。実際、イングランドがアイルランドを侵略・統治するお墨付きを与えたのもローマ・カトリックであったし、アーブロース宣言（一三二〇）をもってスコットランド側が独立（およびロバート・ブルースの破門取り消し）を訴えた宛先もローマ教皇であった。

当時、カトリックは国境を越えて団結しうるグローバル組織であり、ローマ教皇が一声かけて何か命じればそこでの統治者の命令よりもそれが優先されることすらあった。法律においても、統治者が布告したもののほか、キリスト教公会議の決定や教義、および教会の指針に即したカノン法（教会法）は信徒に対し絶大な効力をもっており、政治的権力者である王や諸侯すらそれに背くことはなかなかできなかった。このことは、言い方を変えれば、教皇はローマから命令するだけで、遠く離れた国の人民や軍関係者を使って反乱を起こすことができる、ということを意味していた。自由思想家として有名なジョン・ロックは、宗教的寛容を訴えた『寛容について』の著者としても有名であるが、無神論者とカトリック教徒だけは寛容の対象外と主張するくらい、こうしたカトリックを危険分子とみなしていた。あのクロムウェルがアイルランドを徹底的に打ちのめして征服・支配したのも、市民感情への配慮や財の搾取などの思惑があったとはいえ、隣国のそうした危険分子の芽を摘みたかったのかもしれない（しかし、それ以前にカトリック教徒の暴動によって国教会の信徒が殺害されたことへの報復や、イングランド内戦による財源不足を補うための略奪行為という意味もあったが）。

このように、西ヨーロッパにおいて多大な影響力を及ぼしていたローマ・カトリックであったが、大陸ではルターやカルヴァンのような厳格なキリスト教者たちによってその欺瞞《ぎまん》が喝破され、それまで抑圧されていた市民や貴族もそれに同調する姿勢をみせた。ブリテン島ではヘンリー八世が——その動機はルターたちと比べてみると決して褒《ほ》められたものではないが——

カトリックを離れ（破門となって）、国王を教会のトップとするイングランド国教会をたちあげるなど、「プロテスタンティズム」のうねりが生じたのが一六世紀前半であった。

このうねりにスコットランドも巻き込まれるわけであるが、その影響はイングランドから受けたというよりは、大陸から受けたものが大きい。そして、そのキーパーソンこそが、ジョン・ノックス（一五一四頃～七二）という男であった。

宗教改革の背景

ノックスによる宗教改革は、スコットランドが中世から近代へと移り変わる転換点でもあった。それは、イングランドの宗教改革以上に、政治体制を大きくひっくり返すような「革命」であったし、その後のスコットランド人の意識や価値観に決定的な影響を及ぼすものであった。ノックスの宗教改革以降、カルヴァン派長老主義がスコットランドを覆ってしまったことについては、功罪それぞれの両面から論じることができるだろう。「功」としては、いくつかあるが、①堕落しきっていた当時のスコットランドの教会関係者たちの振る舞いを正したこと（金銭目的で、貴族の子弟や国王の庶子を修道院長や大司教の座に据え、神学をまじめに学ぶことなく、愛人をつくるなどふしだらな行為が日常茶飯事であったので）、②堕落した教会に搾《しぼ》り取られていた市民の負担を減らし、生活水準を向上させる役割を担ったこと（教会の徴税権を否定し、労働と禁欲を推奨する教義であったため）、③ローマ・カトリック教会から独立することで、フランスのようなカトリック国からの政治的介入や内政干渉を排除したこと、④同じプロテスタント国として、旧敵イングランドとある程度の協調路線が可能となったこと、であろう（①〜③については、大陸のプロテスタンティズムと事情はほぼ同じであるといえる）。

「罪」としては、①熱狂的信者による破壊活動、②貴族間の派閥争いに利用されたこと、③結果的にカトリック女王メアリを追放し、死に追いやったこと、④フランスなどの大陸のカトリック諸国から援助を受けにくくなったこと、そして、⑤スコットランドをイングランドと同様にプロテスタント化したことで、スチュアート家によるイングランドとスコットランドの同君連合を成立させ、最終的に両国が合併される（スコットランドが吸収されて王国ではなくなる）道を開いたこと、さらには、⑥スコットランド人本来の陽気さや自然な振る舞いを歪《ゆが》める形で、人目を気にしつつ表面上は不必要なまでに禁欲的姿勢をみせるようになったこと、などがあるだろう（最後のものについては、詩人エドウィン・ミュアが指摘している）。もっとも、修道院や教会の廃墟化については、ノックスに煽《あお》られた熱狂的改革者たちによる破壊はあったものの、イングランドによるスコットランド侵攻時（ヘンリー八世やクロムウェルなど）によるものや、修道院の土地所有者たちが長年放置していたことによるものも多いので、宗教改革だけのせいにするべきではないのであるが。

しかし、スコットランドの教会というものは保守的なうえ、政治的事情もあってプロテスタント化は当初なかなか進まなかった。カトリックに反旗を翻してイングランド国教会を立ち上げたヘンリー八世が、スコットランドでもプロテスタント化をすすめていたことへの抵抗もあった。一五〇〇年代前半のスコットランド貴族たちは、急速なプロテスタント化には慎重な態度をみせており、それを示すかのように、一五二五年には宗教改革の立役者ルター派の書籍の輸入禁止令が議会で可決され、その三年後にはパトリック・ハミルトンがルター派の義認の教義を説教したことで火刑となり、一五四六年には、スコットランドの初期宗教改革の指導者であったジョージ・ウィシャートが火刑となるなどした。しかし、改革というものは殉教者がでるとかえって過熱するものである。

ジョージ・ウィシャートは裕福な地主層（レアード）の家に生まれアバディーン大学で学び、モントローズで教師となったが、ギリシア語で聖書を教えたために異端の嫌疑をかけられた。一五三八年頃にイングランドへ逃亡し、さらにドイツやスイスに渡り、ルター派（ルーテル派）およびカルヴァン派の影響を受けた。一五四三年にスコットランドに帰国すると、そこから各地へ巡回説教を行ったが、前述のように捕まってしまい、スコットランド枢機卿デイヴィッド・ビートンによって火刑に処されたのである。そしてこれが、スコットランドにおける宗教改革の火種となった。

ノックスという革命者

ウィシャートの説教によって回心していたノックスは、非業の死をとげたウィシャートの遺志を継ぎ、改革派の会衆の推挙を受けて説教師を務めた。

ノックスたちは、一五四六年にはウィシャートを死に至らしめたビートンを殺害し、イングランドの支援をうけてセント・アンドリューズ城に立て籠《こ》もった。しかし、これを反乱とみなしたスコットランド摂政アラン伯ジェイムズ・ハミルトンが要請したフランスの援軍の勢いに押され、ノックスたちは一五四七年七月に降伏し、フランスの捕虜としてガレー船で二年間の苦役に服した。一五四九年春に釈放されたがスコットランドへの帰還は許されず、プロテスタント化をさらに進めるイングランドのエドワード六世の宮廷牧師に登用された。

しかし、イングランドではすぐにエドワード六世がなくなり、ブラッディ・メアリことメアリ・チューダーが王位につき再度カトリック化へと傾いていたため、ノックスは大陸に亡命し、ジュネーヴでジャン・カルヴァンに出会い、その思想を学んだ。そこで、「正しい信仰を守り、偶像崇拝者に抵抗することは「神の民」の信仰的行為である」という抵抗権神授論にゆきついた。

一五五〇年代後半には大陸とブリテン島を行き来していたノックスであったが、その間にスコットランドの情勢はかなり変化していた。一五五四年以来、スコットランド摂政で次期女王メアリ・スチュアートの母でもあったマリー（マリー・ド・ギーズ）は露骨に親フランス政策をとり、フランスから呼び寄せた貴族を宮廷官僚に任命し、一五五八年にはフランス皇太子とメアリの結婚を決め、スコットランドの王冠をパリに送るなどもしていた。いくら対イングランドのためとはいえ、これは古参のスコットランド貴族たちにとっては売国にも等しい行為であった（もともとマリーはフランス貴族の娘ということもあったので疑いを払拭《ふっしょく》することはできなかった）。このような状況下、マリーのもとで冷遇されていた貴族たちは、その執政に抵抗する大義名分があればすぐにとびつこうとしていた。それが「堕落したローマ・カトリックと、その手先であるカトリック国からの独立」であり、その理論的支柱こそが、スコットランドに舞い戻ったジョン・ノックスがもちかえったカルヴァン派長老主義であったわけである。

そうして、親フランス政策に反撥するプロテスタント貴族が蜂起し、そこにイングランドの援助が加わった。一五六〇年一月、エリザベス一世の艦隊がフォース湾に入港してフランス軍を撤退させ、その翌月にはエディンバラ条約が、イングランドとスコットランドとの間で結ばれ、スコットランドからフランスの政治勢力は排除された。

そしてその年の八月議会において、ノックスが起草した「スコットランド信仰告白」が承認され、「ローマ教皇の司法権の否認」「異端禁止法などのカトリック諸法の禁止」「ミサの廃止」などの諸立法が決定されていった。こうして、スコットランドはプロテスタンティズム化の一途をたどってゆく。

第四節　後期宗教改革

ノックスからメルヴィルへ

一五六一年八月、フランスから帰国したスコットランド女王メアリは前年の八月議会で決まった法案を批准せず、カトリックであることを公言した。このため、ノックスから激しい批判を受け、他のプロテスタント貴族とも対立する。結果としてスコットランドから追い出され、イングランドで処刑されるに至った。近代最初の市民革命はイングランドの一七世紀の清教徒革命といわれるが、見方によっては、一六世紀のスコットランドの宗教的内乱と女王の追放こそが、その先駆けであったともいえる。

メアリ女王を追い出し、ジェイムズ六世を即位させた直後の教会総会では、ジェイムズ六世の教師であったジョージ・ブキャナンが議長を務めたが、ブキャナンはその著書『スコットランド史』のなかで、スコットランド王家の歴史において貴族が国王を非難した先例をあげ、メアリへの反乱を正当化するような主張を行った（ノックス自身は、政治権力を奪取するのが目的ではなく、政治権力からの宗教的独立を目指していたと思われる）。

スコットランドの宗教改革はそのまま順調に進むかと思われていたが、一五七二年のリース協約により、総会に服すという条件で、大主教・主教の名称を復活させ、王がそれを指名することを可能にするという妥協案が王政府と教会との間で成立した（スコットランド独自の長老会〔カークセッション〕・中会〔プレスビテリ〕・大会〔シノッド〕・教会総会〔ジェネラルアセンブリー〕といった長老派教会の組織がきちんと整備されるのは一六九〇年以降である）。そして、最大の貢献者であるノックスはリース協約締結の年に死亡したが、スコットランドの宗教改革をそこから牽引したのはアンドリュー・メルヴィル（一五四五～一六二二）であった。

六年間のジュネーヴ滞在のあとにスコットランドへ戻り、グラスゴー大学の学長に就任したメルヴィルは、カルヴァンの弟子であり急進的長老派のテオドール・ド・ベーズ（一五一九～一六〇五）の教義に触発されていた。それは現在まで続くような、長老会・中会・大会・教会総会といった、信徒間で選ばれた代表者たちによる長老制システムを置き、そこから政治権力を排除するというものであった。これはある意味では間接民主制のようであるが、しかし、教会総会の一存で一般信徒の運命を決めることすらできる神権政治の面ももっていた（実際、カルヴァン自身もジュネーヴで神権政治を行い、教義に反する振る舞いをした人を処刑もしている）。

こうしたカルヴァン派の擡頭に対抗しようと、ジェイムズ六世（イングランド王ジェイムズ一世）の意向を受けたスコットランド議会は、国王が指定した主教を中会・大会の永久首座とするように、管理的な監督制を再導入した。もちろん、メルヴィルたちはそれに反対したが、それ以降、さまざまな圧力がスコットランドの長老派にかかることになる。スコットランドの宗教改革に特徴的な点は、イングランドのそれと異なり、政治権力のトップからつねに干渉されていたため、遅々と進まざるをえなかった、ということであろう。しかし、当の障害たる政治権力のトップがスコットランドと離れたイングランドにいたこと、そして、イングランド内戦時には王党派と議会派の争いの激しさから、スコットランド教会のあり方に対し、いずれのイングランド勢力も思い切った介入ができなかったことは不幸中の幸いであったともいえる。

覆いゆく禁欲主義

メルヴィルが指揮する長老派教会が主流派を占めたスコットランドにおいて、人々の生活は大きく変化した。クリスマスなどの伝統的な休日は廃止となり（偶像崇拝に該当するので）、結婚式や葬式での酒宴も禁じられた。一五八一年に倫理規制法が議会で可決されると、カード遊び、華美なおしゃれ、みだらな会話が姦通や近親相姦と同列の悪行として、司法の場でも罰せられるようになった。

カルヴァン派プロテスタンティズムは労働と禁欲を推奨するゆえに近代ヨーロッパの経済発展を助けた、と分析したのは一九世紀の社会学者マックス・ウェーバーであったが、それはオランダなどではあてはまっても、スコットランドにもあてはまるかどうかは疑わしい。スコットランドでは日曜日の安息日の祈りは厳守事項とされ、その日に商売をすることも、ましてや、ダンスや旅行をすることなども許されなかった。洗濯のような家事労働すらも禁止され、日曜日に遊んでいた子どもが処罰された事例もあるくらいである。

これは一種のピューリタニズム（清教主義）ともいえるものである。ピューリタン（清教徒）といえばイングランドの急進派プロテスタントを思い浮かべる人が多いかもしれないが、スコットランドの長老派はその厳格主義ゆえにイングランド人からは「ピューリタン（清教徒）」と呼ばれていた（実際、イングランドのピューリタンには厳格なカルヴァン派も含まれていた）。もともとの禁欲主義的なカルヴァンの思想を社会制度的に徹底させたメルヴィルのそれは、まさにピューリタニズムと呼ばれるに相応しいものであった。

ただし、清教徒革命時のイングランドでは、スコットランド的な長老派は王党派と結びつきうる反革命勢力とみなされており、共和国時代に実権を握り、スコットランドをも掌握したクロムウェルも、長老派自体はイングランドに不要と考えていた。だが、クロムウェル自身はカルヴァン主義的な禁欲思想そのものには賛同的であったことも指摘しておこう。実際、クロムウェルが護国卿を務めたイングランド共和国の時代、やはり安息日が厳守とされ、酒場通い、ダンス、不敬な音楽を聴く、フットボール、などは安息日以外であっても禁止とされた。

王政復古や名誉革命も終わり、一八世紀になると、グレートブリテン体制では信教の自由が認められ、抑圧的なルールは次第に姿を消してゆく。スコットランドでは、一七六〇年以降、長老主義のスコットランド国教会から距離を置いた分離派教会も登場した。イングランドとの一体化による産業振興と商業社会化、さらには、スコットランドの国民的な、そして放蕩《ほうとう》的な詩人であるロバート・バーンズの影響などもあり、スコットランド人の生活において次第にカルヴァン派の禁欲主義的色彩は薄れてゆく。この背景には、グレートブリテンへの併合によってスコティッシュ・アイデンティティの喪失に直面した人々のなかに、プロテスタント以前のスコットランド文化へと立ち返ろうとする復古主義・懐古主義が広まったこともある。

もっとも、カルヴァン派の禁欲主義的風潮自体はその後のスコットランド人の体裁に残りつづけた。人前で飲酒する姿を見せないようにして表向きは紅茶をするするが、その裏では少人数の仲間とへべれけになるなど、二〇世紀になってもいまだにスコットランド人の振る舞いを抑圧していると詩人エドウィン・ミュアは述べている（Muir［1935］）。このように、スコットランド社会は、ケルト系文化、カトリック文化、カルヴァン派文化、そして大英帝国文化など、さまざまな面をもっているといえるだろう。

Column　窮屈さのなかで生き残ったケルト文化

今や、アメリカをはじめ、「ハロウィン（Halloween）」はいたるところで定着している。その呼び名は「聖人たちの夜（All Hallows' Eve）」というキリスト教的な含みはあるものの、本来のルーツはケルトの新年のお祭り「サウィン（Samhain）」にある。この日は、常世と現世が交差する日であり、この世に本来いない妖怪や亡者がやってくるので、それらにさらわれて異界に連れていかれないよう自身も妖怪などに変装して身を守ることから、「ハロウィン＝仮装のお祭り」となったと思われる。

そういえば、ハロウィンには、子どもが仮装して家々を回り、「トリック・オア・トリート？（悪さされたいか、おもてなしをしておとなしく帰ってもらうか？）」といって大人からお菓子をもらうという風習があるが、これもサウィンの名残《なご》りである。つまり、あの世からこの世に妖精や妖怪がやってきて悪さ（いたずら）をするという言い伝えと、サウィンのときに子どもたちが村人の家をまわってお供え物を集める係をしていたことが合わさってできた風習なのである。

仮装については、本来この世にいないあの世のものであり、こうした鬼火や妖精たちと出くわしたときにはその仲間として振る舞わなければさらわれてしまうので、物の怪に変装するなどして身を守ったことから、「ハロウィン＝仮装のお祭り」となった。ハロウィンのカボチャ提灯《ちょうちん》のジャック＝オー＝ランタンはこの世を彷徨《さまよ》う鬼火といわれるが、その仲間のように振る舞うためにカボチャをくり抜いてかぶったり、あるいはその形をしたカボチャを玄関先に置いておくなどの風習はいまも残っている。

ちなみに、スコットランドではカボチャではなくカブがよく使用され（カボチャを使用するのはアメリカの方が一般的）、カブをくり抜いて蠟燭《ろうそく》をなかに入れた提灯がつくられる。カブはスコットランドでは伝統的に食べられている野菜であり、今でも、伝統料理ハギスを注文すると、たいていはマッシュされたポテトとカブ（ニープス）が付け合わせでついてくる。

近代以降、キリスト教のいくつかの宗派はハロウィンに好意的な態度をとっているようだが、昔はキリスト教とは無関係の異教の祭りとして忌避されていた時期もある。だからこそ、こうしたお祭りが近代まで生き残るためにはキリスト教的なネーミングを借用するしかなく、「ハロウィン」と呼ばれるようになったのもそのためであろう。

キリスト教化のなか、生き残った古いお祭りとして有名なものはやはり「クリスマス」であろう。これはイエスの誕生日ではなく、降誕祭とされているが（イエスが生まれた日は聖書に書いていない）、それが一二月二五日であるのは、キリスト教が普及する以前のローマ帝国で流行っていたミトラ教（ミトラス教）の影響が大きい。

ではそこに登場するサンタクロースが何者であるかというと、それはかつて弱者を救い、神の愛を説いたミラの聖ニコラオスであり、夜に貧者へお金を配った彼の伝説と、その名のオランダ語読みのシンタクラースが後世に伝えられるなかで形を変え、クリスマスに訪れるサンタクロースとなったわけである。ただし、厳格なカルヴァン主義者やピューリタンたちからすると、イエスの降誕祭とはいえ、靴下に金貨やプレゼントをいれるこの不法侵入者を崇めることは偶像崇拝であるので（そもそも聖書に書いていないので）、クリスマスが禁止された時期もあった。

スコットランドのカルヴァン主義は、他にも、酒を飲んではいけないなど、世間体を気にしながら、娯楽に興じることなくおとなしく過ごすことをよしとしたので、それはスコットランド人本来の陽気な気質を抑圧する方向に働いたようである。たとえば、かつて中世スコットランドでは「ケイリ（Ceilidh）」といって、音楽を演奏し、踊り、お酒を飲んで大騒ぎをする氏族の風習があり、それは客をもてなすときにはとくに必須とされたが、カルヴァン主義が擡頭した近代初頭では、みんなの前でお酒を堂々と飲んで大騒ぎするのは忌《い》むべきものとされた。許されたのはせいぜい（イエスの血とされる）ワインくらいで、ウイスキーという野蛮な酒はもってのほかであった。

このように、軽視されていたハロウィンやウイスキー（やケイリ）が、現代においては誰もが楽しめるものとして大流行しているわけであるが、その背景には、スコットランド本来の文化が抑圧されている状況に気付き、それを解放しようとした近代の文学者たちの活躍があったのである。

第六章
文化と啓蒙

第一節　スコットランドの教育制度

宗教的な教育

文化は教育の影響を大きく受けるもので、近代以降に花開いたスコットランド文化も、その根底には独自の教育制度と理念があったように思われる。ここではスコットランドの教育面に言及しながら、そこからどのような文化が花開いたか、その過程について論じてゆこう。

教育史において、近代教育の充実ぶりではヨーロッパ随一といわれることが多いスコットランドであるが、そこにはスコットランドならではのキリスト教の事情が大きく関与している。「近代」とは、宗教的権威が蔓延《はびこ》っていた「中世」を乗り越えた先に訪れた新時代といってもよいのだが、そうした近代が到来するには、それなりの教育水準・文化水準が達成されていたわけで、皮肉なことに、その土壌を整えていたのが当のキリスト教文化であった。

宗教改革以前のカトリックの時代、子どもたちはラテン語聖書を読み、グレゴリオ聖歌を歌うべく、文字を学び、音楽を学ぶ、ということが推奨されていたわけであるが、エディンバラやグラスゴーといった主要な自治都市はもちろん、カークウォールやモントローズなどの小都市にも、そうした教育を行うグラマースクールや唱歌学校が設立されていた。一般市民はもとより、貴族も当然ながら嗜みとしてラテン語の読み書きや聖歌斉唱ができなければならず、スコットランドの識字率は当時のヨーロッパのなかではかなり高かったといわれている。その証拠に、宗教改革時の一五六七年にスコットランド信仰告白批准のために署名した二〇〇人以上の男爵のうち、自筆ができなかったのは一六人のみだったという（スマウト［2010］）。

とりわけ、スコットランドではヨーロッパ最初の義務教育法と呼ばれるものが一四九六年に導入され、早くから教区学校制度という独自の教育環境の整備が行われていたことは注目に値する。また、すでに高等教育機関として機能していた四つの大学もある（創立順に一四一三年セント・アンドリューズ大学、一四五一年グラスゴー大学、一四九五年アバディーン大学、一五八三年エディンバラ大学）。これに対してイングランドでは、オックスフォード大学は一〇九六年、ケンブリッジ大学は一二〇九年にその歴史ははじまっているものの、一九世紀に入るまで大学はその二つだけであり、一六世紀の時点においてはスコットランドの方が大学の数は多かったし、教育水準も高かったといわれている。当時の人口はイングランドの五分の一にも満たないといわれているスコットランドが、である。

もちろん、高等教育機関が多いからといって、そのことが全土的な教育の整備を意味するものではないし（ハイランドや島嶼部ではとくに遅れていて、ゲール語以外わからないという人たちもいた）、少数のエリートや牧師の息子たちは自治都市学校や大学へ進学できたが、大多数のための高等教育の形式的制度はとくになかった（教区学校はせいぜい初等教育程度であった）。それに、そもそもそうしたスコットランドの教育や識字率についての「神話」「伝説」に疑念を抱く研究者も存在する。

しかしそれでも、スコットランドの各種大学が多くの人材をあちこちから広く受け入れていたことは知られている。とりわけ、宗教改革以降は率先して教区内の牧師の子どもたちを受け入れ、高等教育を施していた。一六〇〇年代前半のセント・アンドリューズ大学には、教区内の牧師の子どもたちの四割近くが集まっていたといわれている。一七〇〇年代からはスコットランド啓蒙思想の影響からかエディンバラ大学やグラスゴー大学にも牧師の子どもが集まりはじめ、一七〇〇年代後半にはプロテスタンティズムと親和性の高いアバディーン哲学協会（一七五八～七三）や常識学派が活躍したアバディーン大学に、教区内の牧師の子どもたちが集まっていた。

長老派が主流となった宗教改革以降のスコットランドでは、牧師は教区学校の担い手であるので、牧師となるためにその子弟が大学で学び、教区内での子どもたちの教育（読み聞かせ、文字の書き方、算術など）をのちに受け持つようになるといったシステムがあった。結果として、初等・中等程度の教育が広く全土的に実現され、スコットランド国民の文化的素養が一定水準に保たれた、とみることもできる。

その一つの例として、たとえば、スコットランドでは一七七三年から七六年にかけて発行された、『ザ・エディンバラ・マガジン・アンド・レヴュー』などの月刊誌が普及していたことがあげられる。一八世紀には多くの人々がそうした大衆紙を楽しむことができたのも、教育水準の向上が背景にあった。

もちろん、教育水準の地域格差や社会格差があったことは事実であろうが、その格差があるからといって、すぐさま「スコットランドには平等主義的教育なんてなかった」となるわけではない。少なくとも、大学が置かれて、多くの人々が暮らしていた大都市においては、ある程度の水準を保った平等な教育が施されていたことは事実であろう。

つまり、文芸や思想などといったスコットランド啓蒙が一斉に花開いたその背後には、宗教的な学びとその学術化を図るローマ・カトリック的風潮のもとでの大学の設置、そして、宗教改革以降にそれを活用した、（イングランドの監督制とも異なる）信徒間の平等を重視する長老派教会、といった宗教的要因があった、ということである。

イングランドには負けられない？

スコットランドとイングランドとは、合同以前も以後も互いに対抗心をもっていたようで、経済力・政治力の高さを誇るイングランドに対し、スコットランドはヨーロッパにおいて多大な影響力をもったその文化・教養レベルを誇っていた。教育についても同様に、社会教育や大学の充実度に関し、スコットランド人はなみなみならぬ誇りをもっていたようである。おそらくは、大陸との結びつきが断片的であったイングランドに対し、大陸の知識を随時取り込んでいるという自負もあったのだろう。それに、進取の精神があったのもスコットランドの教育が進展した理由の一つかもしれない。たとえば、経済学の父と呼ばれるスコットランド人のアダム・スミスは、オックスフォード大学で学ぶも、そこでの教師たちの「教えているフリさえしない講義」に失望して中退し、後に自身がグラスゴー大学で教鞭《きょうべん》を執ったときにはそのことを強く意識して真摯《しんし》に講義を行ったという。スミスによれば、切磋琢磨《せっさたくま》しない教師が発生する理由として、教師の安定した俸給制度があり、それが「いくらさぼってもどうせ給料をもらえるから……」というさぼりのインセンティヴとして働くという。

スミスの有名なエピソードとして次のようなものがある。スミスは渡仏するため、一七六三年に学期途中ではあったがグラスゴー大学を去るため最後の講義をしたとき、それを聴講していた学生たち一人ひとりを前に呼び出し、講師として最後まで責任を果たせなかった分の授業料を一部返還しようとした。これに対し、学生たちは「一生かけても支払いきれないほど学ばせてもらって満足していますので結構です」と返金を断ったということである（スミスは学生のそうした言葉を受けても、強引にお金を学生のポケットにねじ込んだといわれている）。

当時のスコットランドは合同後まだ一〇〇年もたっておらず、そこまで豊かではなかったたため、大学教育のみならず、初等・中等教育も公金ですべてカバーすることはままならなかった。それゆえ、学生（もしくはその保護者）が納める授業料と、教会からの支援によって教育が賄われていたこともあり、自由市場の擁護者であるスミスは、教員と学生とを企業と顧客としてとらえ、そこにおけるギブ・アンド・テイクの関係こそが、教師間での競争を促し、教育水準の質を向上させると信じ、それを実践していたともいえる。オックスフォードでの失望と、そこから得られた信念（競争と市場的同意取引を通じて、素晴らしい結果が到来するというもの）が、一七七六年の『国富論』の完成に大きな影響を与えたのかもしれない。

しかし、そのようなギブ・アンド・テイクは、教育についてある程度のコンセンサスを形成しうる個々人同士の私的な市場的取引のようなもので、初等・中等教育にまでそれを持ち込むのは難しい。実際、初等・中等教育においては、公教育的な形で平等主義的に教育が実施されたわけであるが、いかんせん人手不足ということもあり、金銭および人的面でいくぶんかはスコットランド教会に頼らざるをえなかった。そして、イングランド国教会と比べ、そこまで宮廷や貴族の発言力に影響されないスコットランド国教会だったからこそ、カークセッション（長老会：教区教会の牧師、信徒の代表たる長老、執事の合議機関のこと）の理念のもとで、それぞれの信徒に平等な教育が施されたという見方もできる。つまり、元手も人手も十分ではなかったスコットランドにおいてそれなりの教育が広く行き渡った背景には、長老派的な信徒間の平等性を重んじる気風と、各教区それぞれの責任感があった。

興味深いのは、近代以降、スコットランドにおいては政府の公的資金による介入政策は肯定的にとらえられていた一方、イングランドでは教育への国家介入を躊躇《ちゅうちょ》する傾向にあった点である。

もちろん、イングランドにおいても一七世紀後半にはキリスト教知識普及協会による慈善学校運動が開始され、次々と学校設立がなされたが、それが私立学校化したものが実質的に国民全体の教育を担うようになってゆく。実際、お金をもった中産階級以上の家庭は、それぞれの選択として私立学校に子どもを通わせており、教育を公営化するといった風潮はなかなか強くならなかった。

これはイングランドが教育格差を容認していたとみることもできるが、しかし、宗教的な土壌ゆえにそうであったようにも思われる。イングランドでは名誉革命以降、信仰の自由が大幅に認められ、さらにホイッグ党政権のもと宗教的差別を撤廃する動きが高まった。とはいえ、教育の根幹にそれぞれの宗派の教義があることには違いはなく（とりわけ近代初期の道徳教育には宗教的理念は欠かせないので）、それぞれの自由を認めるということは、それぞれの宗派や教会の指導に委ねるということでもあった。それゆえ、教育内容もその水準も、そして学費もバラバラという事態が生まれたのである。つまり、厳格な長老派とその教区システムが広く普及していたスコットランドと比べ、イングランドは良くも悪くも「思想や信教の自由」が進んでおり、それゆえ、教育は国ではなく個々人の問題であるとして、平等主義的教育への忌避感が生まれたとも考えられる（松下［2000］を参照）。

とはいえ、いくらスコットランドでは平等主義的な教育意識が強かろうが、そのカリキュラムや教授法は古ぼけたものであり、近代科学の祖であるニュートンを輩出したイングランドや、ライプニッツやデカルトといった数学者・哲学者たちを輩出した大陸の大学と比較すると、その遅れは歴然としていた。というのも、やはり良くも悪くも、スコットランドの大学教育の根幹には、「宗教」というものがあり、法学ですら——自然法思想が教えられていたものの——旧来のカノン法を尊重する風潮も残っていたからである。

スコットランドはその法体系が特殊であり、コート・オブ・セッション（民事控訴院）の手続きは教会法たるカノン法の手続きに倣ったものであった。そして、民事・刑事両裁判所が準拠するのはイングランドではなくスコットランドのコモンロー（慣習法）である。また、大陸法的な側面もあり、合同法以降もイングランドの法体系とは一線を画していた（石前［1999］を参照）。

しかし、繰り返しになるが、平等主義的な長老派教会があったからこそ（たとえ宗教色は強いにしても）信徒へ教育が行き渡ったというのも事実である。イングランドの監督制以上にプロテスタンティズム色が強かった彼らは、教会独占的であった神の教えを市民個々人へと開き、個々人を祭司とすることこそが本懐であった（万人祭司説）。だからこそ、その姿勢が市民の識字率を向上せしめたといわれている。たとえば、ジョン・ノックスは説教教科書、教理問答書、聖書、賛美歌集をもちいてプロテスタント示威運動を行っており、敬虔な人々はそのムーヴメントに乗り遅れまいと、自分たちのリテラシーを向上させていった。それに、ノックスが記した『規律の書』(信徒の義務が記されたもの。ただし、これは信仰告白のように議会で正式に承認されることはなかった)には大きな教育的意味があった。それは、子どもたちを徳高く教育し、敬虔に育むべきだとしている点であり、高度な教育を広く平等に施すことこそが神の意思であるという教えはスコットランドに深く根付いていったのである。

その後の教育改革

一八世紀半ばにはジャコバイトの乱も終焉し、グレートブリテンもある程度落ち着き、スコットランドにも先進的な教育がようやく定着しはじめた。一七世紀までは宗教の反復学習や賛美歌、祈禱などを暗誦《あんしょう》する技術が中心であったが、一八世紀にはラテン語、ギリシア語、フランス語、高等数学、簿記などの高等教科が一般的となり、一九世紀には幾何学、測量術、代数学など、教科数はさらに増加した。スコットランド国内においては、教区の学校は約九〇〇、バラ(行政区)の学校は八〇~九〇程度あったとされている(これらの学校は教育法のもとで設立・運営されていた)。もっとも、そこにはスコットランド国教会からの財政上の支援もあった。

イングランドでは初等学校の教師は他の仕事を得られない最後のよりどころや副業とみなされていたのに対し、スコットランドの教区の学校教師たちは、社会的地位と経済的特権——庭付きの家、ベーシックインカム、加えて、子どもの親たちが支払う授業料など——を保障される、という点で恵まれていた（家やベーシックインカムは、一定期間ではなく終身であった）。こうしたことを踏まえれば、プロテスタンティズム化したスコットランド社会において、スコットランド長老派教会の政治的・社会的影響力がいかに大きいものであったかがわかる。

ただし、こうした文化的・教育的土壌については、宗教改革だけでなく、スコットランドの有力者たちの文芸愛も一役買っていたという意見もある。ノックスと対立した女王メアリ・スチュアートは、フランス宮廷の影響をうけ、カルヴィニズムを危険なものと敵視し、カトリック再興を願い宮廷内でミサを行い儀礼の復活を図ったが、しかしノックスたちプロテスタントに対して直接的な弾圧を行うことはなかったし、市民のリテラシーの向上を妨害することはなかった。それどころか、メアリは広く学芸を保護したともいわれている。スコットランドでは、一五七〇年に叙事詩『ザ・ウォレス』、翌一五七一年には英雄伝『ザ・ブルース』が出版されるなど、宗教関連も、そして、文芸関連も盛んになった。つまり、一六世紀のスコットランドでは、ノックスとメアリという、宗教的に対立しながらも議論の応酬があり、そしてそれを支える言論の自由があったからこそ、それが知識欲を喚起し、人々の知見を高めさせたといえるだろう（もちろんその背後には活版印刷技術の貢献があったわけであるが）。

いずれにせよ、スコットランドの文化・教育の土壌は、単一的な価値観ではなく、さまざまな——ときに相対立する——価値観や人々の相互作用の賜物《たまもの》といってよい。ローマ・カトリック式の教育、それに反対するノックスのプロテスタント的教育理念、プロテスタントを受容はしなかったが弾圧もしなかった女王メアリ・スチュアートの治世、平等主義的な教区主導の教育システム、教育現場における市場原理と教育の質の向上を求めたアダム・スミスなど、さまざまな人たちがそれぞれの信念に基づいて真摯に活動した結果が、国力でいえばイングランドにはるかに及ばないにもかかわらず、そのイングランドを差し置いてヨーロッパでもトップクラスの文化や教養の都となった、ということなのである。

第二節　スコットランド啓蒙思想

イギリスの啓蒙思想

ここではスコットランド啓蒙思想（Scottish Enlightenment）について論じてゆこう。「啓蒙」とは「無知蒙昧《もうまい》な状態が、理性に目覚め真理への扉が開き、道理や分別を知るに至る」という意味である。英語での"enlight"には照らすという意味もあり、光が差すかのように人々が教え導かれるというニュアンスがそこにある。啓示といえば、人間が通常知りえない真理を神が示す、というものであるが、啓蒙は人々が自分自身のもとで、偏見や先入観を乗り越える形で目覚めるというものであり、人間の知性・理性が頼りとなる。

高校までの社会科の教科書では、大陸合理論／イギリス経験論、という分類のもとで近代啓蒙思想が紹介されているものも多い。その分類自体は、演繹《えんえき》的推論を重視するか帰納的推論を重視するか、といった認識論的アプローチの対比としてそれなりの意味はあるだろう。しかし、イギリス経験論自体は（合）理性を否定するものではない。イギリス経験論の根幹にはフランシス・ベーコンやニュートンのような観測・実験重視の姿勢があるが、それは宗教とは別のアプローチ、すなわち、自然の法則を解明したり法や政治の正当性をロジックのもとで証明しようとする手法であり、そうした点で、大陸思想と同様、イギリス思想もまた理性を重視するものである。

とはいえ、社会契約論者のトマス・ホッブズや、同じく社会契約論者でありながら経験主義的な認識論を展開したジョン・ロック、それに功利主義者のジェレミイ・ベンサムや、同じく功利主義者でありながらリベラリストであったJ・S・ミルなど、日本でも有名人である彼らはいずれもイングランド人である。ではスコットランド人はどうだったのだろうか？

スコットランドではイングランドにやや遅れて啓蒙思想が花開いた。イングランドから受けた影響というのは決して小さくないが、スコットランド独自のものがあり、また、逆にスコットランドからイングランドへ影響を与えたものもあれば、アメリカにまで影響が及んだものさえある。

ハチスンのモラルセンス論

スコットランド啓蒙思想のはじまりは、たしかにイングランドのニュートン主義やロックの経験論の影響を受けてはいるものの、実質的にはキリスト教の正当性とそこでの自然観を理性的に説明しようとする自然神学的営みでもあったし、また、そうした自然神学を拒絶する――つまり、全人類を堕落的存在とみなし、神の超越性と恩恵を強く訴える――カルヴァン主義的世界観・人間観を（やや穏健な形で）保持していた。

そうした、スコットランド啓蒙の祖として、グラスゴー大学の道徳哲学講座の教授を務めたフランシス・ハチスン（一六九四～一七四六）をここではとりあげたい。というのも彼の著作にはスコットランド独自の思想的特徴があちこちにちりばめられているからである（ハチスンは厳密には北アイルランド生まれだが、当時、北アイルランドはスコットランド人の入植地であった。彼の祖父、父はスコットランドの長老派教会牧師である）。

イングランドからの影響については、ニュートン的な機械論的世界観をもって、人間や社会の「本性」を明らかにしようとする体系的な学問の確立を目指していたことにそれがみいだせる。認識論として人間の知識がいかに成立するかを体系的に説明するジョン・ロックの哲学（タブララサ〔白紙〕たる主体が、知覚経験を重ねるうちに知識を得ることを説明した経験主義的な認識論）や、その教え子で、ケンブリッジ・プラトニズムの影響下にあったシャフツベリ伯アントニー・アシュリー＝クーパーの知覚論・感覚論は、ハチスンの「モラルセンス」の考え方に大きな影響を及ぼした（それと同時に、エゴイスティックな個人というものを人間の本性とみなすホッブズ的な人間観に対しては、これを強く批判している）。

モラルセンスとは、言語的定義が困難な「美」や「徳」を知覚し、そこから精神的に快楽を感じることができるような内的知覚であるが、それが人間全般に備わっていることこそが神の恩恵の例証とされる。動物社会とは異なり、人間社会がその感覚によって成り立っていることを論理をもって示そうとするそれは、明らかに自然神学的アプローチである（ハチスンも自身の主張が自然神学であることを明言している）。しかし、そうしたモラルセンスは、カルヴァン主義的な「労働」「節制」「禁欲」の重要性を理解するためのものでもあり、そこには穏健とはいえカルヴァン主義的な世界観・人間観というものがやはりうかがえる。

もっとも、この時代においては、かつてのカルヴァン、ノックス、メルヴィルのような厳格なカルヴァン主義は影を潜めつつあった。スコットランド長老派教会にも、従来の厳格な福音派とは別に、「モデレーツ」と呼ばれる穏健派教会人――アダム・ファーガソンやジョージ・ターンブル、ロバート・ウォレスなど――が擡頭しており、その影響はハチスンのような哲学者にも及んでいた（なお、文芸批評などを行う一八世紀中盤のエディンバラの知識人たちは、「エディンバラの穏健な文学者」とも呼ばれていた）。たとえば、ハチスンはカルヴァン主義者ではあったが徹底的な節制ではなく「中庸（mediocrity）」をかなり訴えており、『道徳哲学序説』（一七四二、英語版一七四七）の第一巻第六章三節では、「モデレート」という語を何度も繰り返しながら、カルヴァン主義的な倹約に加え、気前の良さや寛大さとそれらのバランスが大事であることを主張している。ただし、同書の別の箇所では、アリストテレスの中庸に疑問を呈しつつ、「徳」そのものについては、それは神への愛と同様、それ自体が端的に素晴らしいものであると述べていることから、必ずしもアリストテレス主義者というわけではなく、その根底にはカルヴァン主義的な信仰心がみえる。

ヒュームとスミス

スコットランド啓蒙思想のユニークな特徴は、「自然の本性」の解明に焦点をあて、社会や人間をありのままに——ロジックで解明できるところとそうでないところをきちんと分けながら——分析した点にある。イングランド同様に理性と経験とによって物事の成り立ちを論理的に解明しようとする一方、敬虔なプロテスタンティズムとして、理性を超越した神の御業《みわざ》に敬意を示し、有限な能力をもった人間であるが、個々人が徳のもとで生きることで神が用意してくれた幸福な社会を実現できる、という考え方がその根本にあるのだろう（後述のヒュームはそこまで信仰心は篤《あつ》くはなかったようだが、神の存在や恩恵は別として、その社会思想の方向性としては他のスコットランド思想家たちと類似する点も多い）。

スコットランド啓蒙思想の有名人はいろいろいるが、そのいずれもがその後の人文・社会科学に多大な影響を与えた。二〇世紀の有名な保守的自由主義者でありノーベル経済学賞を受賞したF・A・ハイエクは、自身の社会理論の土台にはスコットランド啓蒙思想があったことをその著作内で明言している。また、政治思想、歴史学、社会学でも大きな影響を与えた人物が多数いる。前述のハチソンの他、代表的人物をピックアップするならば、およそ下記のとおりである。

- デイヴィッド・ヒューム（一七一一～七六）
『人間本性論』（一七三九～四〇）をはじめ、その後の著作も現代のアカデミズムに多大な影響を及ぼした哲学者であり、また同時に、有名なエッセイストであり歴史家
- ウィリアム・ロバートソン（一七二一～九三）
歴史学者でありエディンバラ大学学長
- アダム・ファーガソン（一七二三～一八一六）
エディンバラ大学の道徳哲学講座の教授で市民社会論の大家
- アダム・スミス（一七二三～九〇）
グラスゴー大学の道徳哲学講座教授、『国富論』（一七七六）の著者として、経済学に大きな影響を及ぼした
- ジョン・ミラー（一七三五～一八〇一）
アダム・スミスの教え子で、のちにグラスゴー大学で法学講座の教授に就任。経済や歴

史にも精通し、後世に大きな影響を与えた

・デュガルド・スチュアート(一七五三〜一八二八)

エディンバラ大学教授を務めた高名な教育者

・トマス・リード(一七一〇〜九六)

懐疑主義や感情論を乗り越える独自の「コモンセンス」論を展開した、スコットランド常識哲学派の祖。アバディーン大学マーシャルカレッジで学び、そのキングスカレッジで教鞭をとるも、後にアダム・スミスの後を継ぐ形でグラスゴー大学の道徳哲学講座教授に着任

さて、スコットランド啓蒙思想を紹介するにあたり、デイヴィッド・ヒュームに言及しないわけにはゆかないだろう。エディンバラ郊外のナインウェルズで生まれたヒュームは、法律家である父を小さいときになくした。大学に進み法律家になることを期待されていたようだが、哲学に強く惹かれその道へと進んだ。しかし、当初はなかなかその哲学的センスが陽《ひ》の目を見ることはなかった。

彼の最初の著書『人間本性論』は、彼が「輪転機から死産した」というほどに世間から無視もしくは軽視(あるいは敵視)されたものであった。その理由は、概念分析の手法のもと、「神」「魂の同一性」「実体」といったキリスト教的な、あるいはスコラ的概念を次々と批判し

たことで、当時許されざる無神論者とみなされたからである（よくても、せいぜい屁理屈をこねる懐疑主義者としてしか受け取られなかった）。その後、法曹図書館（現在のスコットランド国立図書館）の図書館長や大使、国務次官として公務をこなすなかで、エッセイ集や歴史書『イングランド史』が好評を博し、スコットランドはもとよりパリの社交界でも名士となる。政治的スタンスとしては名誉革命体制を擁護する保守的ホイッグであったが、しかしそれと同時に、一般市民の言論の自由を推奨し、議会と政府と王権との共存的関係を提唱した共和主義者でもあり、また、自由な商業の拡大のもとでの繁栄を唱えたリベラリストでもあった（急進的ではないが、先進的なホイッグという評価もできる）。

デイヴィッド・ヒューム

アダム・スミスの墓（エディンバラ・キャノンゲート教会横の墓地）

当時無神論的と蔑《さげす》まれたその批判的思考法は、生前も死後も多くの哲学者たちに衝撃と影響を与え、二〇世紀以降の科学哲学やメタ倫理学に及ぶまで広範囲に影響を与えつづけてきた。とりわけ、「である（is）」と「であるべき（ought to be）」とを区別する「ヒュームのギロチン」と呼ばれる概念整理の手法は、特筆すべきものであった。もともとは情念に由来するはずの規範的判断を理性によるものとする普遍主義的理性主義を批判するその論法であったが、その影響は、「事実的なもの」をそのまま規範的なものであるとするような（定義的）自然主義的誤《ご》謬《びゅう》を批判した分析哲学の祖であるG・E・ムアにも及んでいる。

ヒュームと個人的なつながりがあり、学術的にも多大な影響を受けたアダム・スミスは、情念と共感が正義や法を基礎づけていることを論じた『道徳感情論』（一七五九）を提唱した。これは人間本性の探究という、ハチスンおよびヒュームの仕事の延長線上のものであったが、その後、重商主義を批判し、分業制と市場原理のもとで国家経済が発展する道を示した『国富論』を発表した。これはその後の社会思想に大きなインパクトを与え、単なる政策論とは別の「経済学」という学術分野の出発点ともなるものであった。

実際のところ、スミスのこうした社会思想の学問的な基礎部分についてはハチスンに負うところが大きい。人間の本性と、人間からなる社会のあり方を理解するため、理性だけでなく感覚面、感情面にも着目し、そこから「公的利益」「正義」という概念を明確にしてゆく手法は、ハチスン、ヒューム、スミスいずれにおいても共通している。もっとも、「共感」というものに着目し、個別的な情念が相互交流のもとで一致、協和してゆくというのはハチスンにはなかった発想である。また、自由な活動をベースとした商業社会の発展は、ヒュームやスミスら一八世紀後半のスコットランド啓蒙思想家たちと、それ以前の思想家たちとを分ける分水嶺ともいえるだろう。

他国への影響

スコットランド啓蒙思想は、イングランドはもとより、フランスやドイツ、遠くはアメリカ大陸にまでもその影響を及ぼした。ヒュームはパリの社交界で有名人であったし、スミスの著作は世界各国の政治・経済政策に大きな影響を与え、近代以降の「経済学」の学問的体系の道を開いた。近代倫理学の大家と呼ばれるプロイセン（ドイツ）の哲学者イマニュエル・カントはヒュームの著作をみて「独断のまどろみから覚めた」とその影響を率直に表明している。

また、ヒュームの正義論は功利主義者のジェレミイ・ベンサムにも影響を与え、「最大多数の最大幸福」という功利主義の原理を生み出したともいわれている（ただし、ベンサムにおいてはそれは批判的な形での受容であったのだが）。ちなみに、この最大多数の最大幸福の元ネタはハチスンの『美と徳の観念の起源』（一七二五）の一節にあるが、ハチスンはそれを功利主義の原理としてではなく、「仁愛」という徳の特徴として語っている。

他方、一八世紀後半に活躍したトマス・リードは、懐疑主義的議論を展開した（そして無神論的な道徳論者でもある）ヒュームの批判者として有名であり、懐疑主義を乗り越えて真理を把握する彼の「コモンセンス」の概念は、現代倫理学の「直観主義」と呼ばれるものに影響を与えた。デュガルド・スチュアート（一七五三〜一八二八）はそんなリードの弟子であるが、そのスチュアートの弟子でありスコットランド長老派教会の牧師であるジョン・ウィザスプーン（一七二三〜九四）はニュージャージーカレッジ（のちのプリンストン大学）の学長としてアメリカに迎えられ、そこではリード流のコモンセンス論が広まった。その教え子のなかには判事や議員になった人たちも多く、なかでもジェイムズ・マディソンは第四代大統領となっている（マディソンは、ジョン・ジェイやアレグザンダー・ハミルトンとともに、『ザ・フェデラリスト』を執筆している）。

当時のスコットランドの啓蒙思想家は、保守的ホイッグのように名誉革命体制に賛同的であり、グレートブリテン体制におけるスコットランドの帰属を認め、その未来に希望を抱いていた論者が多かったが（つまりジャコバイトに対しては同情こそすれ、賛同的ではなかった）、アメリカ政策においてはリベラルともいえる立場が多く、ヒュームやスミスはアメリカ植民地の独立に賛同的であった。それに対し、イングランドの知識人たちはホッブズやロックの社会契約論的枠組みのなかでアメリカ植民地独立を批判する風潮があった。ここに、当時のスコットランドの知識人たちのリベラルさの根底にある、ナショナル・アイデンティティへの憧憬《しょうけい》をみることもできる。

彼らスコットランド啓蒙思想家たちは、たとえハノーヴァー朝グレートブリテン体制を受け入れていたとしても、やはり人々がそこで暮らすところの「ネイション」の独立的自治というものを重視しており、それはこれから独立してゆくアメリカであろうがすでに連合王国に組み込まれたスコットランドであろうが同様であった。かつて政治的・宗教的独立に熱意を注いでいたスコットランドは、グレートブリテンに組み込まれてもそうした自由・独立への熱意を忘れることなく、「思想」や「言論」というものに込めてその熱を放射しつづけていたのである。

その熱意は、当然、近代スコットランドの文化・文芸にも表れている。かつてはイングランドに対抗していたスコットランド王国が、王なきネイションとしてグレートブリテンの一地方になったあとでも、かつてそこで育まれてきた文化とアイデンティティを取り戻すべく、世界的にも有名な詩人や作家が一八世紀から一九世紀にかけて活躍し、スコットランドを世界に広く知らしめるようになった。

ただし、そこには知識人同士の互助努力に支えられた印刷・出版というものがあったことを忘れてはならない。当時のスコットランドはそこまで豊かでもなく、知識人たちが書いた作品であっても印刷・出版は容易ではなかった。ゆえに、パトロンをみつけたり、購買予約者を募ったり、それぞれがお金を出し合って印刷代を用意したりするなどの涙ぐましい努力があったのだ。すでに名前が知られた知識人であればよかったが、無名の新人のものや、際どい内容のもの（教会批判や風紀を乱すようなもの）を出版するのは相当骨が折れただろう（ヒュームも実際それで最初は苦労した)。しかし彼らがそうした苦難に立ち向かい、冒険をしたからこそ、世界にインパクトを与え、現在にまで影響しつづけている、というわけである。

その象徴的なものといえば、『ブリタニカ百科事典』であろう。世界一有名なこの百科事典を編纂《へんさん》したのは三人のエディンバラ在住のスコットランド人が結成した「スコットランド紳士協会」であり、版権がよそに渡るまでの一七六八年から七一年の期間(つまり初版)、それはエディンバラで出版されていた。しかし、この「紳士協会」は、首謀者であるコリン・マクファーカー(印刷屋)、アンドルー・ベル(彫版師)、ウィリアム・スマイリー(校正係)の三人が資金集めのために名付けた名前だけの団体であった。つまり、構成員はこの三人のみで、貴族やジェントリどころか他の会員は一切いなかったらしい(詳しくは、木村[2015]を参照)。ともあれ、現在もブリタニカ百科事典は生きつづけており、二〇一二年までは紙媒体で刊行され、現在は電子版に移行している。

このように、才気にあふれ、知恵と工夫によって一八世紀に近代の息吹《いぶき》を吹き込んだスコットランド啓蒙思想家たちと印刷業者のおかげで、グレートブリテンに飲み込まれたスコットランドはそのアイデンティティを維持し、誇りを取り戻しながら、名声を広めることになる。その一つは、スコットランドにおけるロマン主義運動であり、その立役者こそが、国民的詩人のロバート・バーンズと、作家ウォルター・スコットであった。

第三節　近代の文学者たち

国民的詩人

ここでは、近代スコットランドにおける国民的詩人であるロバート・バーンズ（一七五九〜九六）について述べてゆこう。日本ではシェイクスピアは知っていてもロバート・バーンズはあまり知らないという人もまだ多いかもしれないが、バーンズの作品は世界各国で翻訳されていて、その愛好者は非常に多い。

バーンズはスコットランド南西部の寒村の小作農の家に七人兄弟の長男として生まれた。父親は教育熱心な長老派信徒であり、息子たちに読み書きを教えた。二〇代になったバーンズは、地元の伝承や民謡などを参考にしつつスコットランド語の方言を使った詩を作りはじめ、一七八六年には初の著作『詩集——主にスコットランド方言によるもの』を六一二部上梓した（いわゆる初版のキルマーノック版）。これがあっというまに売り切れるほどの好評であり、エディンバラの社交界から招かれ、翌一七八七年にはエディンバラでも彼の詩集が出版された。これはエディンバラ版と呼ばれ、予約部数だけでも二六七三冊になったといわれている（木村［2015］を参照）。これによってバーンズの名声は高まり、その作品はスコットランドのみならずイングランドやフランスでも読まれ、詩人としての地位を確立した。

ロバート・バーンズ

バーンズの作風としては、「牧歌的」「質実剛健」「伝統的暮らし」「自然との調和」などがあり、それゆえ、彼はそういったスコットランド人のイメージを確立した人物といってよい（それがあまりに誇張しすぎた戯画的なものであると批判されることもあるが）。たとえば、スコッチウイスキーについて、彼は「スコットランドの大麦が作る酒」、すなわちウイスキーを古きよきスコットランドの酒と位置づけ、『スコットランドの酒よ（原題：Scotch Drink）』にて以下のように言及している（Burns [1786-93]）。

あんな詩人どもには大騒ぎさせてやれ、
フランスのぶどう、ぶどう酒、酔いどれバッカスども、
……
呪われよ、あのブランデーなど、燃えるにせものの酒よ！
みんなに苦痛と病気をもたらす憎々しい元凶よ！
……
スコットランド人よ、古きスコットランドの栄光を願う者よ、

きみたち長たる者よ、哀れな文《もん》なしろくでなしのわしではあるが、
わしはおまえたちに言おう、
　おまえたちには似合わんぞ、
苦くて高いぶどう酒や異国の情婦に
　手を出すなんて。

……

おお、ウィスキーよ！　遊びと戯れの真髄よ！
吟遊詩人の心からの感謝を受けとめてくれ！

こうしたスコッチウイスキーのイメージは、「スコットランドの酒＝モルトを使用したピュアな酒＝素朴で質実剛健な酒」という図式をつくり、スコッチウイスキーのみならず、スコットランド人、さらにはスコットランドという国全体にそれが投影されるようになった。

他にもバーンズはさまざまな作品を残したが、しかし作品全体でみればあまり統一感がなく、問題意識もかなり複雑でとらえどころがなかった。自然をたたえたり、宗教的な詩もあれば、（厳格派カルヴァン主義では忌避されるところの）酒を賛美したり、魔女や死神が出現するものなどもある。教会批判や社会風刺的なものもあれば、ちょっときわどい（エッチな）作品などもある。これは、批評界隈《かいわい》でいうところの「カレドニアン的相反」という特徴である。この用語

は、スコットランド文芸批評家ジョージ・グレゴリー・スミス（一八六五〜一九三二）が用いはじめたもので、「矛盾からなるジグザグ模様」という意味だが、多面性をもったスコットランドの思想・文学・政治などを意味する。これはバーンズ作品の批評にもあてはまり、統一感のないさまざまな作品を残したバーンズに対し、ときに「本当の関心や思想的スタンスはどうだったのだ？（ホイッグやトーリーか、あるいはスコットランドのナショナリストか、親イングランド論者か、など）」という問いが持ち上がったり、「バーンズの真の関心はこうであった」とか、「バーンズにはしっかりとした考えなどなかった」などといったさまざまな解釈がなされたりすることもある。ただし、おそらくは彼のどの作品も、「本当の関心」に基づくものであったようにも思われる。

バーンズ自身はその教養ゆえに政治にも興味があったし、しかし同時に、政治から離れた自然や民衆の日常にも関心をもっていた。そして、彼の本来の意図が政治的であろうとなかろうと、スコットランド人の素朴な人柄や、キリスト教以前の昔ながらのスコットランドの伝承の魅力を多くの人に伝え、グレートブリテン化によって消えゆくそれらを残してゆこうとする文芸人としての矜持《きょうじ》をもっていたことは間違いない。だからこそ、スコットランド語（スコッツ語と呼ばれる方言）だけでなく、イングランド人にもわかるよう英語も使用したのであった。彼の作品の多様性、多面性は、彼がいかなる事柄であっても情熱をもって訴えかけようとしたことを示しているように思われる。

彼のそうした情念の多面性は女性関係にも及んでいる。かねて恋人だったジーンと結婚し九人の子どもをもうけるも、エリザベス・ペイトンやアンナ・パーク、ジェニー・クロウなどの愛人たちとの間にも私生児をもうけるなどもしていた（ほかにも、人妻へ感傷的な愛の書簡を送ったりするなど、その相手はさまざまであった）。自身の恋愛をネタに詩をつくることもあり（しかもそれが素晴らしい）、国民的詩人というだけでなく恋愛詩人の一面もみせる。日本でもひと昔前は「不倫は文化だ」とか「女遊びは芸の肥やしだ」とかいう人もいたが、それを二〇〇年以上も前に高い水準で実践していたのがこのバーンズであった。もちろん批判にさらされ、教会から呼び出しをくらったこともあるし、この芸風を好まない批評家からは辛辣《しんらつ》に低評価をくだされもしたのだが。しかし、カレドニアン的相反の体現者でもある彼は、途方もなく無責任な一方で責任感もそこそこあり、私生児も含めた多くの子どもたちの養育費のために、詩作だけでは稼げないと収税吏の仕事について忙しく過ごした。そんななか、リウマチ熱に苦しみ、最後は心疾患のために三七歳でなくなった。

バーンズの作風にはたしかに牧歌主義的・ロマン主義的なところがあるが、それは単なる懐古主義を超越したものであり、現状の政治的・社会的情勢のもとでスコットランドの立ち位置をきちんと理解し、その現状把握のなかで、いかにスコットランドがスコットランドとして今後も生き残りつづけるか、といったリアリズムがその背後にはあった。そして、実際に彼の活躍によって「スコットランド」という国民やその歴史が現代にまで生き残ることになったわけで、当時の暗闇《くらやみ》のなか、その道筋を照らしたという意味では、やはり彼は国民的詩人といえる人物であろう。昨今、教養ある文化人による啓蒙活動といえば、ひたすら政治批判をするか、古くからの風習を現代的観点から切り捨てて「目を覚ましましょう」とばかりに上から目線で大衆を見下すようなものも多いが、彼のように、自分たちが属する伝統的文化の魅力を人々に再認識させ、そして、それを数百年先まで残すかのような魅力ある作品を実際につくってみせる人こそ、真なる文化人といえるのではないだろうか。

ケルト復興運動の立役者

ウォルター・スコット(一七七一〜一八三二)はエディンバラで生まれた。弁護士や治安判事といった実務家でありながら、詩や小説、批評や伝記、歴史書などさまざまな文芸ジャンルで活躍した、さながら文学界のレオナルド・ダ・ヴィンチのような多才な人物である。なかでも、彼の小説の手法は、その後の文学界に多大な影響を与えた。

彼以前の文芸作品は、完全なフィクションか、あるいは史実に忠実なノンフィクションの歴史物語か、とはっきり分かれがちであったが、歴史に精通していたスコットは、史実のなかに架空の登場人物や出来事をちりばめ、歴史を知っている人ならさらに楽しめる——あるいは逆に、楽しみながら歴史を学べるといった——歴史小説のジャンルを確立した。一八一四年に『ウェイヴァリー』を発表し、歴史小説デビューを果たした彼は、一八一七年に『ロブ・ロイ』、一八二〇年に『アイヴァンホー』を書き上げ、次々と名声を高めていった。それらの作品は総じて「ウェイヴァリー叢書《そうしょ》」と呼ばれ、一九世紀イギリスでは貴族から町の少年まで、誰もがそれを読んでいたといわれ、その作品はインドや南米、日本にまでもわたった。

そのほか、スコットはボーダーズ地方のバラッドの蒐集《しゅうしゅう》とそこからの作品づくりにかけても有名である。バラッドとは、物語・寓話《ぐうわ》が歌として口語的に伝承されたもので、識字率や教育水準が低かった時代には、それによって戦争や噂話などがニュースとして伝えられることもあった。彼は幼少期に小児麻痺で左足が不自由になり、療養のためロクスバラシャーの祖父母の家で過ごしたが、このときに、ボーダーズ地方の古い史譚や、バラッドを聞かせられて育ち、またここで読み書きを学び、読書にも親しんだことがその才能を開花させる土壌となったと思われる。一二歳の時にエディンバラ大学古典学科に入学するも健康のために大学を中退して父の法律事務所で働き、弁護士資格を得る一方で、地方の伝説やバラッドなどの蒐集に励んでいた。一八〇二年から翌年にかけてボーダーズ地方のバラッドをまとめた『スコティッシュボーダーズの詩歌』を出版することで、一地方で野蛮とも思われがちなスコットランドにも、古き良き時代を思い出させてくれる趣あるバラッドが残

ウォルター・スコット（エディンバラ・スコット記念塔）

されていたことを世に知らしめた。これをベースとして、スコット独自の物語詩である『最後の吟遊詩人の歌』（一八〇五）や『湖上の美人』（一八一〇）を出版し、スコットランドにおけるロマン主義は世界へと広がっていった。その背景には、ゲーテやビュルガー、シラーなどのドイツのロマン主義文学に惹かれていたこともあったといわれているが、こうした作品は、イングランドの詩人、ワーズワースに高く評価され、その後、二人は生涯にわたる交流をもつようになる。

しかし、スコットの業績は個人的な文芸作品のみではない。彼はその社会的地位と周囲から寄せられた信頼から、大事業に携わり、それをきっかけに、スコットランドのケルト文化に注目が集まることになる。

一七九九年、二八歳のときにセルカークシャー知事代理に任命された彼は、一八〇三年から三二年にかけて同州の行政長官となった。その間の一八二〇年にはイギリス王ジョージ四世から爵位を与えられたが、このジョージ四世とのつながりから、スコットはケルト文化復興運動の立役者としての社会的活動をしてゆくことになる。その一つがタータン・キルトの復活である。

スコットランドの伝統衣装であるタータン（格子柄の織物）のキルト（スカート状の衣装）は今でこそ「ハイランド人の家紋」を示しており、その独立精神を示すものであるかのように扱われているが、実はそうした文化的アイデンティティが確立したのは一九世紀以降の話であった。中世にかけての伝統的衣装は、首からかぶり、太ももまで届くようなワンピース状の衣装（ゲール語で「レイネ」）が主流で、そこに短いズボンを履いたり、「プラッド」というマントのようなものを羽織る、という感じであった。そのプラッドにベルトが付いたものをモチーフとして、上下部分を分割し、スカート部分を独立させて衣装化したものが「キルト」であり、トマス・ローリンスンというイングランド人が一七三〇年前後にそれを発明したといわれている（高橋［2004］を参照）。

それが最初に大々的に着用されたのは、ジャコバイトたちが潜むハイランドを監視するために、一七三九年にブリテン政府が配備したハイランド連隊（第四二連隊）においてであった。イングランド人だけでなく、それと融和的であったキャンベル氏族やグラント氏族、マッケンジー氏族といったハイランドのクラン関係者も、そのハイランド連隊としてブリテン政府のために働いたのだが、彼らが着用したそれは、青ベースに緑、黒のラインの格子柄であり、その黒っぽいキルトを着用していたことから「ブラックウォッチ（黒い見張り番）」と呼ばれていた（一七四六年のキルト禁止以降も、連隊はこれを着用しつづけた）。一八世紀半ばになり、このタータン・キルトを基本として、イギリス政府と距離が近かったキャンベル家やサザーランド家が独自の色を入れるようになり、その後、ハイランドへの衣装禁止政策が一七八二年に撤廃されると、それが次々と広がってゆき、カラフルなデザインとともに、「うちの図柄はこれ！」といった、かつての氏族を示すかのような図柄が定着していった。

そのようななか、キルトがさらに盛りあがるのは、ハノーヴァー朝の王ジョージ四世が一八二二年にエディンバラを訪れた時である。ジョージ四世は、スチュアート朝が途絶えたあとに一七一四年に成立したドイツ系のハノーヴァー朝の王である。スチュアート朝からハノーヴァー朝にかわったとき、これを不服としたジャコバイトの乱やそれを受けての武装・衣装禁止令（前述）、ハイランド・クリアランスの悲劇が起きたこともあり、ハイランド人たちにとってハノーヴァー朝は印象のよいものではなかった。ハイランドほどではないにしても、ローランドもまた一七〇七年の連合王国成立の恩恵が期待ほど大きくなかったこと、そして政治的実権がイングランドに握られていたことへの不満もあり、ハノーヴァー朝としてはスコットランドからの印象をよくしたいという思惑があった（当時、その素行で不人気だったジョージ四世の人気を高めるという目的もあったが）。

そこで、ジョージ四世はエディンバラのホーリールード宮殿の謁見式にて、「ロイヤル・スチュアート・タータン」なるハイランド式の衣装に身を包み、参加者もハイランドキルトを着用したが、実はここには、スコットの尽力があった。スコットは、エディンバラ・ケルト協会の初代会長であり、失われたスコットランド文化をロマン主義のもと演出するという目論見のもと、ジョージ四世の行幸を演出したのである。

政治的観点からは、グレートブリテン統治のもとスコットランドは今後のことを踏まえてイングランド側と融和する必要があり、現実主義的観点からそうしたイベントをスコットランド側も求めてはいたのだが、この企画・立案者として、ローランド出身の元弁護士で州知事代理で、国民的作家で、時代考証家であり、ジョージ四世からサーの称号を賜ったウォルター・スコット卿はまさに適任ともいえる人物であった。こうして、スコットは無事にイベントを成功させ、グレートブリテン中に「守るべき歴史をもつスコットランド人」の存在を知らしめ、ブリテン政府とスコットランドとの距離を縮めると同時に、いろいろなものを失ったスコットランドに誇りを取り戻したのである。

総じて、バーンズであれスコットであれ、そのロマン主義におけるスコットランド復興運動の根底には、スコットランド啓蒙思想が育んだ、現実社会と人間本性の分析に基づく、リアリスティックな政治的スタンスがあったように思われる。

偉人？　詐欺師？　マクファーソンの「オシアン」

実は、スコットランドのロマン主義運動とその影響は、バーンズやスコットよりも早く、一人の男を中心にヨーロッパ各地へ広まっていた。それは「功」の部分もあれば「罪」の部分もあって評価自体がなかなか難しく、それゆえ、作品の知名度とその影響力に反して、その作家自身の名声を現在知る人はそこまでいないだろう（イギリス文学史に関心がある人でなければ）。

その男とは、ハイランドのインヴァネス生まれのジェイムズ・マクファーソン（一七三六〜九六）である。アバディーン大学を卒業したのち、とくに目立つことなく教師生活をおくっていたが、牧師であり作家のジョン・ホームとの出会いがすべてを変えた。ホームは前述のエディンバラ大学教授アダム・ファーガソンとの交流があり、ハイランドに残っているといわれるケルト文化に興味をもっていた。マクファーソンはホームに対し「自分はそのオリジナルのゲール語作品を集めている」と告げ、それに興味をもったホームが（しかし彼自身はゲール語が読めなかったので）英訳を求めた。その訳したものは文芸仲間であるヒュー・ブレア博士に渡った。

これに感嘆したブレア博士やその仲間たちから熱意をもって懇願され、マクファーソンが所持していたとされるゲール語の英訳詩が刊行された。それが、一七六〇年にエディンバラで出版された『ハイランドで採集された古代詩断章』という詩集である。『スコッツ・マガジン』は多くのスペースを割いてこの抜粋を掲載し、それは隣国イングランド、さらには、大陸の読者たちの関心までも惹きつけた。この（元はゲール語の）素晴らしい詩が、それまで蛮族で怠け者の地と思われていたハイランドに存在したというのは、ヨーロッパに衝撃と憧憬を巻き起こした。実は、これこそが、スコットランドにおけるロマン主義運動のはじまりともいえるものであった。

ブレアたちはマクファーソンにさらに資金援助をし、ハイランド奥地にある（とマクファーソンがほのめかす）古代ケルトの英雄譚や長編叙事詩を蒐集に向かわせた。その採集旅行で得られた伝承や写本から、一七六二年に叙事詩『フィンガル』が、翌一七六三年には『テモラ』が刊行された。これらは、その作品の語り手である英雄の名をとって「オシアン」とも呼ばれる。これらは、三世紀頃にスコットランド北部で活躍したフィン王フィンガル一族が、ローマ帝国や北欧の侵略者たちと戦う物語であるが、古代ケルトの魅力的で美徳あるキャラクターたちであふれかえっていた（その物語は、失明した最後の王オシアンが息子の婚約者マルヴィーナに語り聞かせたというもの）。ただし、これには「マクファーソンの創作ではないか」という疑念が寄せられたり、「アイルランドなどの伝承をコピーした贋作《がんさく》だろう」という噂もたった。

実際、このオシアン詩集のオリジナルそのものは結局みつからず、マクファーソンの自筆の遺稿以外に決定的な資料はないので、そのオリジナルの存在はたしかに疑わしい。マクファーソンは実際のゲール語詩を公開することもなかった。しかし、もしかすると断片的な資料を所有していたり、口伝のものを聞いていた可能性もあるので、マクファーソンの活動を全否定することはなかなかできない（すべてをマクファーソン一人の頭で考えたとすれば、それはそれで天才作家ということになるが、そこまで天才的な人物という評価はあまり聞かないので）。ただし、アイルランド神話と思しき箇所もあり、それが本当にすべてハイランドのものであったかといえばその信憑《しんぴょう》性はやはり疑わしい。イングランドの作家であり、批評家であったサミュエル・ジョンソンはマクファーソンを「イカサマ師」として「オシアン」を贋作扱いしたが、パトロンであったヒュー・ブレアはそれに対してマクファーソンを擁護している。

真偽はともかくとして、かつての古代ギリシアの『イリアス』ばりに、ヨーロッパの辺境たるスコットランドにそれにひけをとらない壮大な叙事詩が存在し、かつての「ローマ＝洗練／

ケルト（ピクト）＝野蛮」といったイメージをひっくり返すかのごとく、スコットランドには勇敢であるが優しく、徳があり、気高く生きる英雄たちが存在していた、と主張するかのようなこれらの作品は、古き良き時代に思いをはせる読者たちの心をわしづかみにした。ワーズワースをはじめ、ゲーテ、ヘルダー、シラーといった各国のロマン派の作家や詩人に影響を与え、かのナポレオンはそれを愛読書として常に手元に置き、エジプト遠征の際にはそのフランス語訳をもっていったほどのファンだったといわれている（ただし、ナポレオン自身はあくまでフィクションとして楽しんでいたという話もある）。

注意してほしいのは、こうしたロマン主義運動は、マクファーソン一人で巻き起こすことはできなかった、ということである。功罪あわせもつこのオシアン騒動であるが、そもそもそれは、文化的復興を求めていたスコットランドの市民や、近代啓蒙思想家たちのサポートがあってはじめて成し遂げられた大事業であったことは間違いない。これは、当時グレートブリテンに併合され、スコットランド由来のスチュアート朝が排されハノーヴァー朝となった一八世紀中盤だったからこそ、自らのアイデンティティを求めるスコットランド人が作り出した、ある種の市民活動といってもよいだろう。

さて、一八〇〇年代になると、スコットランドとイングランドとの関係は、風向きが次第に変化してくる。一八二〇年に即位した前述のジョージ四世は、酒飲みで、博打《ばくち》好きで、女好きという、いわゆる「ダメ人間」であり、ギャンブルでの借金の肩代わりを父親に求めたり、公費で返済するなど（その心労ゆえに父親が死んだと噂されるほどだった）、イングランド国民からの評判はさんざんであった。そんな彼であるが、ウォルター・スコットの尽力によりスコットランドへ行幸した際、タータンチェックのキルトを着用し、かつては禁止すらされていたバグパイプでの演奏によってセレモニーを行うなどスコットランドへの配慮をみせ、スコットランドでの人気を高めたと同時に、そのようなスコットランド文化の魅力をイングランド国民にも伝えるという役割を果たした。ジャコバイトの乱などからおよそ一〇〇年疎遠になっていたイングランドとスコットランドの橋渡しをした功績ある人物ということができるだろうが、ちなみに、酒好きであった彼は当時密造されていたウイスキーにも関心があり、スコットランド行幸の際にはウイスキーを飲んだり、その後、公認ライセンスを発行し、ウイスキーへの減税政策をとったりした、スコッチウイスキー業界の救世主でもある。公認蒸留所第一号のグレンリベット蒸留所（一八二四年に公認されたスコッチウイスキー蒸留所）はとりわけ彼のお気に入りだったようで、実際に蒸留所をお忍びで訪れて飲んで感銘を受け、そうしたウイスキー保護政策を決めたという噂もある。

　また、ジョージ四世の姪であるヴィクトリア女王とその夫はスコットランドの風光明媚さをいたく気に入り、スコットランドのアバディーンシャーに王室別荘としてバルモラル城を購入した。それは現在でもイギリス王室の夏の保養地として使用されている。

　このように、一八〇〇年代はスコットランドとイングランドの距離が次第に近づき、スコットランドがイングランドのよき隣人として受け入れられつつある時代であった。しかし、それは国王など政治的権力者だけの功績ではない。一七〇〇年代後半からの文学者や思想家の活躍、および、一八〇〇年以降のスコットランドの経済活性化ゆえのスコットランド国内の国民感情の緩和などがある。さらにいえば、社会全体の産業革命期に活躍した技術者・科学者たちの存在も忘れるべきではないだろう。

Column バーンズとハギス

ロバート・バーンズの誕生日である一月二五日には、「バーンズナイト」(もしくは「バーンズサパー」)といって、彼の詩を朗読しながら、彼が愛したスコッチウイスキーとハギスで祝う宴が世界各地で開催されている。「ハギス」とは、羊の内臓(腎臓《じんぞう》や心臓など)のミンチに香辛料やオーツ麦(カラス麦)、牛脂などを混ぜて、羊の胃につめて熱処理した肉料理のことであるが、彼は『ハギスに捧《ささ》げる詩(Address to a Haggis)』において、それを食するスコットランド人の逞《たくま》しさや屈強さを謡いあげている。そして、「ウイスキー」もまた彼が誇る素朴で魅力的なスコットランドの酒であるので、この両者をもって彼の生誕を祝おうということなのだ。

これほど現在まで長くかつ強く愛されつづけている詩人や作家はあまりみかけないくら

い、英語圏におけるバーンズの影響力は計り知れない。我々日本人が『蛍の光』として歌う曲も、もともとはバーンズが作詞した『オールド・ラング・サイン』が原型である（歌詞の内容はまったく異なるが）。彼の『オールド・ラング・サイン』は新年の行事などでも歌われており、世界で――『ハッピー・バースディ・トゥー・ユー』を除けば――最も頻繁に歌われているといわれている。

また、彼の詩が現在でもスコットランドの愛国者たちを奮い立たせていることにも注目すべきであろう。バノックバーンの戦いを題材とし、ロバート・（ザ・）ブルースが兵士たちに演説するかのような歌詞をもつ『スコッツ・ホワ・ヘー（Scots wha Hae）』は愛国者の歌として、非公式ながらスコットランドの国歌として歌われ、現在スコットランド第一党であるスコットランド国民党の党歌となっている（これは英語でいえば“Scots, who have...”というものであるが、ブルースとともに血を流し、苦労してスコットランドを守ってきたスコットランド人たちに呼びかけた詩でもあり、あえて日本語に訳すならば「スコットランド人たちよ」という感じになるだろう）。

バーンズが活躍した一七〇〇年代後半、スコットランドはブリテンの片田舎となり、イングランド人に見下され、そして劣等感ももっていた。その一例が「食」である。冷涼で多湿なスコットランドでは小麦はおろか、ときに大麦も生産できないときがあった。そんななか、冷涼・多湿に強いオーツ麦が重宝されていた。一八世紀のイングランドの文学者サミュエル・ジョンソンが編纂した辞書では、「オーツ麦、イングランドでは馬に与えるが、スコットランドでは人が主食としている」と書かれたが（Johnson［1755］“Oats”の項を参照）、ここにはスコットランドに対するイングランドの優越感や差別意識が垣間《かいま》見える。とはいえ、こうした揶揄に対し、スコットランド生まれの法律家・作家でジョンソンの友人でかつその伝記まで執筆したジェイムズ・ボズウェルは、「だからイングランドでは馬が優秀で、スコットランドでは（オーツ麦を食べないイングランドよりも）人間が優秀なのだ」とやり返した。ここにスコットランド人のしたたかで誇り高く、しかしウイットに富んだセンスをみてとることができる。

第七章
社会構造と課題

第一節　産業革命期

スコットランド人の貢献

近代産業革命といえば「イギリス」であることは世界史の教科書で多くの人が学ぶであろうが、そのイメージはおそらくはイングランドのロンドンなどではないだろうか。もちろん、それが間違いというわけではないのだが、そうした産業革命の芽吹きには、スコットランドの知識人や技術者がかなりかかわっていることはあまり知られていない。そこで、ここではスコットランド人がどのようにかかわっていたのかを論じてゆく。

まず、産業革命においてその根幹ともいえるのは石炭と鉄鉱石の活用である。そしてその先駆的発明をしたのが、スコットランド人技術者のJ・B・ニールソン（一七九二〜一八六五）であった。ニールソンは一八二八年に特許を得た熱風炉を使った精錬法を発明したが、これは資源として眠っていたにも等しい鉄鉱石を効果的に活用し、そこから、製鉄・製鋼・造船業といった、建築業・運輸業の根幹ともいえる部分を飛躍的に発展させたといえよう。

動力関連でいえば、ジェイムズ・ワット（一七三六〜一八一九）を外すことはできないだろう。彼が実用化した蒸気機関は、機関車や蒸気船に運用され、イギリス国内の流通のみならず、イングランドとスコットランドとが海外各地へと経済的に結ばれることにも一役買った。

しかし、こうした産業革命の土壌は、一七〇〇年代後半の啓蒙の時代にすでに整いつつあった。というのも、この時代、スコットランドでは人文・社会思想だけでなく、理工学系の学問も同様に花開いていたからである。一七五六年からグラスゴー大学で、一七六六年からはエディンバラ大学で教鞭をとったジョセフ・ブラック（一七二八〜九九）は実験によって二酸化炭素を発見したり、潜熱の発見をしたりした。こうした研究のさなか、ブラックはワットと出会ったわけで、その交流はワットにひらめきを与えたものと考えられる。ブラックは、ワットがニューコメンの蒸気機関ポンプを改良するための資金も支援しており、ワットの可能性を花開かせた人物といえる（ただし、ワットは後にバーミンガムにて、イングランド企業家のマシュー・ボルトンの経済的支援をうけて、それを完成させることになるが）。

他にも、ブラックの教え子、ダニエル・ラザフォード（一七四九〜一八一九）は一七七二年に窒素《ちっそ》を発見したり、トマス・チャールズ・ホープ（一七六六〜一八四四）は一七九一年にストロンチウムを含む化合物を発見したりするなど、一八世紀後半のスコットランドの学術的レベルは決して他国にひけをとるものではなく、それこそがイギリスにおける産業革命の土壌を形成した。この背景には、スコットランド知識人たちが育んだ社交場や学術クラブでの意見交流などがあった。

ただし、スコットランドはこうした基礎・応用教育というアカデミズムでの先進性はあったものの、それを実装することで社会的に実用なものとし、また経済的自立のもとでその技術を持続させてゆくための投資面でイングランドに後れをとっていたとされ、それこそが産業革命の拠点がイングランドとなった理由であるとも考えられる（スマウト［2010］）。

近代社会を支えた人たち

産業革命は社会の豊かさをもたらしたとされているが、しかし逆に、社会がある程度豊かになったからこそ産業革命が起きたともいえる。このことについて考えてみよう。

グレートブリテン体制が安定をみせた一八世紀後半から、スコットランドの人口は次第に増えていった。スコットランドの人口は一七五〇年代には一二六万五〇〇〇人だったが、一八〇一年には一六〇万人を超え、一八三一年には二〇〇万人以上となった。その背後には、経済成長があり、一七四〇年から一八二〇年代にかけては、市場に集められる穀物の量はおよそ二倍、畜産物は六倍となり、一七八五年から一八三五年までに輸出は九倍となった（ディヴァイン［1998］を参照）。こうした社会的・経済的安定があったからこそ、投資家が安心してスコットランドに資本を投下して工場をつくり、労働者を集めて大量生産を行うような産業革命が成立した、ともいえる。

ただし、本格的な産業革命がはじまる一八三〇年代までは、水力をもちいる綿織物工場や石炭坑、金属加工業などは農村部に点在していた。その後、輸送コストや労働力確保という点から、それらの拠点は都市部もしくは都市周辺部へと次第に集中してゆく。イングランドから二〇年から三〇年遅れてはじまったとされるスコットランドにおいてもそうした傾向は同様であり、一八〇〇年代後半のグラスゴーには工場と人口が集中し、スコットランドで一番の人口を誇る一大工業都市となった。とりわけ、グラスゴー近郊のクライド港は、タバコ、砂糖、原綿を輸入し、同時に、綿織物や毛織物、ウイスキーなどを輸出する巨大センターであった（スコットランドの肉牛は、当時はスコットランド北東部から、ブリテンの各都市へ蒸気船で運ばれていた。これがのちに世界に広がるアンガス牛であった）。

また、建築という面でスコットランドはイングランドよりもはるかに先をいっていたことにも言及しておこう。イギリスが誇る建築家の多くがスコットランド出身であったことはあまり知られていないが、パラディオ主義で有名な一八世紀初頭のコーレン・キャンベル（一六七六～一七二九）や、バロック建築の大家としてヨーロッパにその名を轟《とどろ》かせたジェイムズ・ギブス（一六八二～一七五四）などはスコットランド生まれであった。一七六〇年以降、新古典主義建築を確立したロバート（一七二八～九二）とジェイムズ（一七三〇～九四）のアダム兄弟もスコットランド人である。ヒュームとも交流のあったこの兄弟は、エディンバラの新市街（一ユータウン）の建築物の設計にもかかわっていたが、その活躍はイギリス全土にわたるもので、各地のカントリーハウス（地方にある貴族の邸宅）の設計を手掛けている。その優雅で壮麗な、しかしどこか昔のクラシックな要素も残すものは「アダム様式」と呼ばれ絶賛された。

一九世紀末から二〇世紀初頭にかけては、グラスゴー生まれのチャールズ・レニー・マッキントッシュ（一八六八～一九二八）のアール・ヌーヴォー様式がイギリスのみならずヨーロッパ中に強いインパクトを与え、工業都市であるグラスゴーに芸術が芽吹くきっかけを与えた。彼が設計を手掛けたグラスゴー美術学校（大学）は、現在でもいたるところにマッキントッシュの優れたデザインが残っており、歴史的建造物であると同時にそれ自体が彼の芸術作品としていまなお高い評価を受けている。

土木関係の著名人としては、ダンフリーズシャーで羊飼いの息子だったトマス・テルフォード（一七五七～一八三四）がいる。テルフォードは技師としていたるところに見事な橋をかけたことで有名であるが、なかでも、ウェールズのメナイ海峡にかけたメナイ吊橋、コンウィ城にかかるコンウィ吊橋は有名である。スコットランドでもその偉業はたくさん残されており、クライゲラヒーのスペイ川にかかる鋳鉄《ちゅうてつ》製のクライゲラヒー橋、ダンケルドでテイ川にかかる七つの橋、エディンバラを流れるリース川を見下ろすディーン橋なども有名である。他には、インヴァネスとフォート・ウィリアムを結ぶカレドニアン運河もテルフォードによって完成した。カレドニアン運河は一〇〇キロメートルにも及ぶ大運河で、高低差は三二メートルほどもある（あの有名なネス湖をとおっている）。

実は、スコットランド啓蒙思想と文芸運動は、スコットランドの建築家たちが支えていたようにも思われる。ここではその点に言及しておこう。

ジェイムズ・クレイグ（一七四四〜九五）が考案したエディンバラの新市街は、ノースブリッジで旧市街につながる格子《こうし》状の町であるが、ここをつくる一大事業はスコットランドの先進的な建築技術なくしては不可能であった。エディンバラは勅許自治都市（ロイヤル・バラ）で

コンウィ吊橋

カレドニアン運河

あったが、その市長ジョージ・ドラモンドは、北の渓谷にある汚れたノア湖の水をぬき、都市を拡張する計画をたてた。一七六六年、新市街のデザイン設計コンペが開かれ、二二歳のジェイムズ・クレイグが優勝し、そのアイデアが実施された。新市街には貴族や著名人、銀行家などが次々と移り住んだ。とりわけ、プリンスィズ・ストリートにはヒュームをはじめとした知識人が集まり、さまざまなサロンが開かれ、それがひいては、ヨーロッパを代表する知的集団を生み出した。

まず、先駆け的なものとして、ランケニアンクラブ（一七一六～七四）がある。これは、スコットランド長老派教会の牧師である（穏健派の）ロバート・ウォレスが発起人となったクラブで、会の名前は、集会場所であった居酒屋（タヴァーン）の亭主トマス・ランケンに由来する。この居酒屋に毎週集まり、文学や哲学の新刊について議論したりしていた。

次に、選良協会（一七五四～六四）もその名声を轟かせていた。画家であるアラン・ラムジー二世がロンドンで宮廷画家になる前にエディンバラに住んでいた一七五四年五月、デイヴィッド・ヒュームとアダム・スミスの三人で立ち上げたこの協会は、哲学上の諸問題を追究し、大会員の討論の技芸を向上させることを目的としていた。この協会には、文学者のみならず、法官や裁判所長、弁護士、建築家も参加し、当時のエディンバラにおいては最高級の格式高い知的サロンという位置づけであった。

そのほかにも、エディンバラ哲学協会、グラスゴー文芸協会、エディンバラ純文学クラブ、エディンバラ金曜クラブといった、さまざまな学術協会が軒を並べ「北のアテネ」といわれたエディンバラを中心に、学術的コミュニティや知的社交クラブが活躍した。

その数でいえば一番エディンバラが多かったが、しかし、後発のアバディーン哲学協会のように、知の拠点は大学を通じてさらなる拡《ひろ》がりを見せた。この協会は、ヒュームの論敵であり後にグラスゴー大学教授となる（スコットランド常識哲学派の）トマス・リードや、その友人でスコットランド長老派教会の牧師であるジョージ・キャンベル（一七一九～九六）、医者であるジョン・グレゴリーらが創立した団体であり、「ワイズ・クラブ（Wise Club）」とも呼ばれていた。この協会では、一見懐疑主義ともみえるヒュームの哲学に対してさまざまな論駁《ろんぱく》が加えられていたが、個人的にはヒュームと交誼《こうぎ》を結ぶものもいて、論敵であったリードも立場は違えどヒュームとの交流には積極的であった（啓蒙期のこれらクラブについての詳細は、川原［1991］を参照）。

スコットランド啓蒙期を支えた主役はもちろん文芸知識人や科学者であるが、しかし、それが知的共同体として活躍する場を整えた建築業や土木業との関連性を忘れるべきではないだろう。知識人たちが住みたいというような快適でおしゃれな町の設計があり、そこでさまざまな社交があったことを考えると、スコットランドの土木建築もまた、スコットランド文化において欠かすことのできない、近代の土壌ともいえるものだった。

人口増加の弊害

しかし、エディンバラはその栄華の陰で、大きな社会問題を抱えていた。エディンバラの人口は一七〇七年の合同時にはおよそ三万人であったが、一八三一年の国勢調査では五万九〇〇〇人と、一〇〇年少しで約二倍に増えていた。その結果、建物の高層化と、居住環境の悪化という事態が生じた。

もともとエディンバラはそこまで大きな都市ではなく、建築学や土木工学の水準の高さから、ヨーロッパのなかでもいち早く高層化が進んだ都市ではあった（一七〇〇年当時でさえ一四階の建物があったといわれている）。しかし、当時は下水道設備が整っておらず、路上は積まれた排《はい》泄《せつ》物だらけで、その悪臭が町中にあふれ、衛生環境は最悪といわれた（スマウト［２０１０］）。一七〇〇年代後半になると多少はましになるも、他の地域と比べるとその名声と比べ環境の劣悪さは抜きんでており、前述のニュータウン（新市街）開発の背景には、こうした事情を改善しようとする社会的要望があった。しかしその結果、新市街には著名人や資本家や銀行家が住み、旧市街には日雇い労働者が集まるといった形で、社会的分断が目にみえるようになってしまう。エディンバラにおけるスコットランド啓蒙の光には、あまり表にでない陰の部分もあったのだ。

では、第二の都市グラスゴーはどうだっただろうか。一七〇〇年頃までは、エディンバラほど悪くなく、『ロビンソン・クルーソー』の著者ダニエル・デフォーは称賛の言葉を贈っているほどであったが、一世紀をかけ、その都市の暮らしやすさは失われてしまう。一七〇七年にはおよそ一万三〇〇〇人ほどの人口であったが、一七八〇年にはおよそ四万人、一八三〇年には二〇万人となった（スマウト［2010］）。一八七三年から一九〇一年のヴィクトリア時代にかけては、人口は加速度的に増大した。一八九一年には六五万八〇〇〇人にも膨れ上がったのだ（エディンバラは三三万二〇〇〇人程度であった〔Lythe［1975］〕）。これは、産業革命にともなう工業化と、職を求めた地方出身者が集中したためであったが、グラスゴーの人口の過密ぶりはエディンバラ以上にきわだっていた。

エディンバラ同様、過大な人口密集に反して衛生管理や汚物処理が追い付かず、グラスゴーはエディンバラと並んで（あるいはそれ以上に）最悪な環境といわれていた。アイルランドからも、職を求める人々がロンドンより近場のグラスゴーに押し寄せたということもあるが、こうした人口密集がうみだす社会問題、労働問題に対して、改革運動がなかったわけではない。しかし、スコットランドで政治的権力をもっていた地主階級や資本家が保守的なこともあり、なかなか改善されなかった。実際に改善にいたるには、労働者へ投票権が行き渡る選挙法改正など、労働者階級の発言力の増大を待たねばならなかったが、スコットランドのそうした公衆衛生や教育水準の低下、そして雇用不安は二〇世紀前半まで残ってしまう。

産業革命以前であれば、こうした諸問題を陰で支えていたのが教会組織であったが、この時代には法定教会であったスコットランド国教会（Church of Scotland）がその影響力を失い、教会組織がバラバラとなり、もはや自分たちの維持で精一杯という事態になっていたこともこの悲劇の背景としてある。一八四三年には、国教会から分離・独立してスコットランド自由教会(Free Church of Scotland)が設立され、さらに、一八四七年には国教会から分離した諸宗派が自分たちで一致長老教会(United Presbyterian Church of Scotland)を設立した。地主との結びつきが強く、社会改革に消極的であった従来の国教会と比べると、中産階級に支持されていた自由教会と一致長老教会はまだ改革への意思はあったが、それはやはり大きな力とはなりえず、結局は一八七二年以降、国家による教育改革を待たねばならなかった(キャンブル［1998］)。

第二節　格差問題と民族意識

女性や子どもの権利侵害

産業革命期における人口密集と労働環境問題といえば、地方から上京した成人男性の日雇い労働者がこき使われるというイメージがもたれがちであるが、問題に直面したのは何も男性だけでない。女性も、そして子どもたちも、資本主義と大量生産の時代に翻弄《ほんろう》されたのであった。

スコットランドといえば紡績も有名ではあったが、産業革命初期一八二〇年代の水力紡績機の時代、地方の紡績工場では、男性ではなく女性の働き手が多かった。その理由として、スマウトは、次のように分析する。

初期の水力紡績機の時代に、なぜ工場にあまり男手がなかったかという手っ取り早い理由は、男たちがあまり工場に来たがらなかったからである。工場で働くということは、まったく新しい不慣れな労働規律に従わなければならない。雇用者は高い経費をかけて紡績工場を建て、そのなかに、衰えずに自動で動き続ける高度な機械類を設置した。効率よく作動させるには、数百人の労働力が同時に、機械のリズムに連動して働くことが不可欠であった。従業員は、水力紡績機が稼動する月曜日の早朝に出勤し、あらかじめ許された食事期間以外は一二時間か一四時間ぶっ通しで働かなければならなかった。……献身的に残業を行なう現代の労働者の忍耐さえも限界に達しそうなこのような働き方は、一八世紀のスコットランド人の仕事の伝統とはまったくかけ離れていた……それゆえに、最も切迫した経済の必要性がなければ、このような最初の工場に多数の男たちが雇われることはまずありえないことであった……したがって雇用者が、主に婦女子に労働力を求めようとしたのには十分な理由があったのである。女性と児童はあらゆる仕事をこなすことができ（それも男性より少ない手当てで）スコットランドの伝統で、家族に依存して生きてきたせいで、家庭でいいつけに従うことに慣れていたため、仕事上の厳しい規律を受け入れやすかった。児童はとりわけ重宝された。年少のうちに雇えば苗木のようにどちらの方向にでも曲げられ、仕事で求められていることを正確に、文句を言わせることなく、すばやくこなすよう仕込むことができた。（スマウト［２０１０］）

このように、スコットランドの近代化という栄光の陰には、利用され搾取されていた労働者がいて、そこには立場が弱い女性や子どもも含まれていたのである。おとなしく従順で言うことをきき、忍耐強いという理由で、女性や子どもがそのように悪い待遇のもとで労働に従事せざるをえなかったこと、そして一八三〇～五〇年代のチャーティスト運動（労働者階級を中心になされた男性の普通選挙権を要求する運動）のもとで望まれた選挙法改正において女性の参政権が除外されていたことは、スコットランドだけでなくイギリス全体の「黒歴史」ともいうべきものであろう（一八〇〇年代半ばからJ・S・ミルなどの議員からも女性参政権を求める声があがったり、一八〇〇年代末期から一九〇〇年代前半にかけて急進的なフェミニズム運動が生じた背景にはこうしたこともあった）。

そうした時代には、雇用主による非人道的な取り扱いのもと、家族で過ごす時間も少なくなり、人妻や若い子どもまでもが売春を行うなどの風紀の乱れもあった。スコットランドの農村部にまで押し寄せたイングランド化の波は、スコットランド全体としてみれば富をもたらしてくれた半面、その伝統的共同体を壊してしまった。そして、国内の都市間の格差も生んでゆく。

理想郷？　ニューラナーク

一九世紀のイギリスの社会主義者といえばロバート・オーウェン（ウェールズ生まれ：一七七一～一八五八）が有名であるが、彼がかかわっていたことでも有名な、その社会主義的理念を具現化し、ビジネスモデル化した施設がスコットランドにある。それが「ニューラナーク」である。ニューラナークは一七八五年にデイヴィッド・デールが建てた労働者のための住宅付きの水力綿紡績工場である。一九六八年まで操業し、今ではスコットランドの世界文化遺産として観光名所になっているこの村であるが、当時は画期的な営みとして、労働者の生活環境の整備や、そこで働く子どもたちの教育が行われていた。

救貧院などの子どもたちを受け入れたデールは、一七九七年、五〇〇人の児童が住むことができる仮設住宅を建てた。その様子は「風通しのよい部屋で、ひとつのベッドに三人で」とか「朝六時に起床し、合わせて一時間半の食事休憩をはさんで一三時間働き」などであり、現代からすればまったくヒドイものであったが、これでも当時としてはかなり労働者の待遇としては気を使っていた方で、称賛の声が高かったという（スマウト［2010］）。

ニューラナークの経営権はその後、デールの娘婿であるオーウェンに渡り、彼は一八二五年まで工場を経営した。労働時間をいくぶんか減らし、業績のよい職工には報奨金をだした。子どもを抱えた労働者のために、初等教育学校を工場に併設し、一〇歳に満たない子どもは労働を免除されて昼間は学校で学び、一〇歳以上の子どもは労働後に夜間学校で読み書き、算術、音楽、地理、歴史、自然科学などを学んだ。これは、子どもたちの自立を目的としたもので、工場内での労働力の再生産にとどまらず、工場を超えた社会の一員として子どもを育て上げるためのものであった。

実際、そこで働く労働者や、成長した子どもたちからなる協同組合の構想もあったのがいろいろなトラブルでうまくいかず、オーウェン自身が経営者としてだけでなく社会運動家として多忙になったこともその頓挫《とんざ》の背後にあった。オーウェンは自身の社会主義的理念がどこにいっても確立できることを証明しようとアメリカに渡り、資本主義を排除した共産主義的なニューハーモニー村を建設したがそこでの失敗もあり、空想的社会主義者というレッテルを貼られてしまう。しかし、それでもオーウェンが手掛けたニューラナークのプロジェクトには大きな意義があったといえよう。

炭坑の悲劇

石炭は動力機関はもちろんのこと、人々の市民生活においても欠かせないものであるにもかかわらず、そこに従事する人々は他業種よりもはるかにひどい境遇に置かれていた。人身保護法とは国家権力のみならず、いかなる市民間においても個々人が奴隷として自由を奪われてはならないことを保障するものであったが、スコットランドの人身保護法においては炭鉱労働者と製塩業者はそこから排除されていた。たとえ炭坑から逃げ出してイギリス海軍に入隊しようが、炭坑へ連れ戻されることさえあった。

一七七四年、炭鉱労働者と製塩業者を奴隷化しないための法案が議会に提出されたが、それが正式な法となって完全に労働者の自由を認めるようになるにはそこから二〇年以上かかり、ようやく一七九九年にすべての労働者の自由を奪うことが法律によって禁じられた。

しかし雇用契約の自由が成立したとはいえ、労働環境が改善されたわけではない。一〇時間以上穴ぐらで、男性だけでなくその妻や娘も働かされ、怪我《けが》や流産などは珍しくもなかった。そこでは、かつてロバート・バーンズなどが親からバラッドを読み聞かせてもらうような牧歌的な様子はもはやどこにもなかった。子どもたちも学校に行くことなく炭坑で一日一三時間から一四時間労働し、勤務中は食事も一切とらせてもらえなかった。なかには、六歳ほどの子どももいた。事故が起きても検死はめったになく、労働環境は改善されず、そこで育った子どもたちは読み書きも算術もできないのでやはり炭坑で働くしかなく、上流階級、中産階級との間の教育格差・社会格差は埋めようもないほど開き、不公平ここに極まれりというほどの社会構造がそこにあった。

これは一九世紀半ばまで続いたが、その改善には、幅広い労働者たちのヨコの団結と権利要求がなければ不可能だっただろう。一八二〇年前後には、グラスゴーやペイズリー、近場のマンチェスター（イングランド）で、労働者が待遇改善を求めたり、失業者たちが職を求める暴動が起きたりもした。その後イギリス全土へと広がるチャーティスト運動、労働者の参政権要求、そして政治家へと働きかけるような政治参加へと労働者のアクティヴィティが広がっていった。

現代社会でもいえることであるが、本当に困窮して生きるのに必死な人たちは声をあげる余裕すらないかもしれない。そして、その困窮が問題視され、誰かがそれをとりあげて政治問題化することに対し、「欺瞞だ」とか「左翼的運動ですね」と冷や水を浴びせるかのような声がときにあちこちで聞かれることもあるが、誰かがそれをしなければその困窮者たちは救済されなかったであろうし、そもそもそれに批判的な余裕ある人たちの豊かな生活すらもなかったかもしれない。自助努力は大事だがそれだけでうまくいくとは限らない。ニューラナークの教育改善に参与したウェールズ生まれのオーウェンや、自身は参政権をもった男性でありながら、女性参政権の実現を必死に訴えたJ・S・ミルなど、不正のない自由な社会を求める人々がいたからこそ、かつては声をあげることもできなかった人たちが声をあげ、社会の暗闇から抜け出し、光のもとでその生を喜び、自分の生き方を自由に決めることができるようになった。こうしてイギリスは、そしてスコットランドは、人権と自由を尊重する現代社会へと至ることができたのである。

第三節　二〇世紀以降のスコットランド

詩人ミュアの分析

エドウィン・ミュア（一八八七〜一九五九）というスコットランド生まれの詩人がいる。オークニー（メインランド）の農家に生まれ、その後、スコットランド各地を転々として、一四歳のときにグラスゴーに移るも、家族を次々となくし、工場労働者をしていた。その後、ドイツ文学の翻訳などを手掛けたり、詩をつくったりするなどして、それらが好評を博して名声を得た人物であるが、彼の『スコットランド紀行』は、社会批評家としての彼の素顔がみえる紀行文であり、二〇世紀前半のスコットランドを理解するうえでは貴重な資料ともいえる。

『スコットランド紀行』の第一章はエディンバラについてであるが、町はすでに階級ごとに区分されたかのような様相をみせており、旧市街のキャノンゲート周辺には仕事のない日雇い労働者がたむろしている一方、新市街のプリンスィズ・ストリートには投資家や銀行家、名士などがエリート気取りでイングランドの真似事をしている、と評されている。

プリンスィズ・ストリートの住人は、自身が社会的ステータスをもっていることを示そうとするし、周囲の人がそうであるかを常に気にする。その様子をミュアは以下のように述べる。

〔比喩としての〕田舎の駅の生活の利点は観察力と観察されることへの免疫が生まれることである。プリンスィズ・ストリートで他人に見られているということは、冷水に飛び込んだように緊張感と高揚感を呼び覚ますが、歩行者は全身全霊を奮い立たせて、他の通行人と同じように気を張りつめていなければならない……ロンドンでは自分の可視性や存在を意識せずに何時間でも混み合った通りを歩くことができる……彼らの視線は目に見えない触手を伸ばして獲物を引き寄せ、電光石火にむさぼり食らい、消化し、排泄する。そのプロセスは非物質的な相互殺戮《さつりく》と言える。食う者も食われる者も変化しない。いささか消耗的である。（Muir［1935］）

こうした見栄のもとで生きつづけている限り、スコットランドとしては実質的な発展はなく、現状を変えることはできない。そうした停滞は、スコットランド本来の良さ（無骨さ）を忘れ、先進的な大英帝国の、そしてモダンな時代の一員であろうとする欲望が街全体にあふれ出している様子となっている、とミュアは述べている。

しかし、こうした病根は、エリート層だけでなく一般の労働者階級にも広がりつつあった。人々は「公立学校によってイングランド化ないしはアメリカ化されてきた大衆である住民」であり、無国籍的な振る舞いをみせていた。教育だけでなく、さらに輪をかけているのが映画やラジオといったメディアであり、古き伝統から解放されたものと信じているスコットランド人が、大衆文化のもとで共有されるところの新たな幻想に魅入られ、その不自由さに気付くことなくその自由を謳歌《おうか》している事実こそが、スコットランドらしさを取り戻すことの障壁となっていた、とミュアは喝破する。

ミュアの分析によれば、皮肉なことに、スコットランド人の「猪突猛進」「頑固」という気質こそが、この時代においてむしろイングランド化を促進し歯止めがきかない状況にしている。それに加え、ブリテン議会に代表を出しているという形で独立性を半分だけ保っている——逆にいえば半分は独立性を犯されている——ということも、スコットランド人が危機感を抱きにくい原因となっており、このままずぶずぶとスコットランドらしさが消えてゆくという点ではアイルランドよりも危険度は高いとミュアは懸念を示す。

スコットランドにとっての理想郷とは?

ミュアは資本主義とイングランド化に飲み込まれつつあるスコットランドを取り戻す鍵を、かつて暮らしていたオークニーの農村型共同体にみいだす。ミュアが語るオークニーは、スコットランドの他地域とは大きく異なる社会構造であり、それゆえに、他地域のような悲惨な境遇の労働者はみられない。

まずオークニーは農業社会である。大部分の農家は小規模で、農業労働者を雇わずに家族だけで営農できる程度の規模である。スコットランド南部やイングランドに見られるような大規模農家もあるにはある。しかし、それはオークニーの生活様式に影響するほどの数ではない。オークニーの生活様式はあくまでも小さな働きやすい規模の農家によってつくられている。農家の大部分は自分の土地を所有している。(Muir〔1935〕)

オークニーは、大気汚染・水質汚染が起きるような工業型社会ではないし、投資家や資本家たちによって地元住民が雇用されるような資本主義経済社会でもない。これは、多種多様な産業が軒を並べるブリテン本土からすれば「後進的」であろうが、その後進性はかつてのみじめな農民たちのように悲惨なものではない。ミュアは「失業は事実上ゼロで苦役のような仕事はほとんどなく、生き生きとして満足した社会がここにはある」とそのあり方を称賛する。

大規模資本が参入しないから悲惨な労働者や失業者がいないのか、あるいは、悲惨な労働者たちがいない土地柄だからこそ貧困者を食い物にするような大規模資本が参入できないのかはわからないが、はっきりいえることは、わずかな例外があるとはいえ、オークニーは「資本家／労働者」「土地所有者／小作農」といった社会構造ではない、ということである。個々人それぞれが「農地」という資本をもち、自助努力ゆえの労働維持と、島特有の助け合いがそこにあるがゆえに、それが資本主義由来の格差社会への防壁となっている、というのである。

ミュアは社会主義者ではあるが、しかしそれが理想とするものは、みんなが労働者になり中央政府の指示に従うような集産型社会主義ではない。社会資本が個々人に行き渡り、個々人がそれぞれの自由意志のもとで（資本家に搾取されることなく）健全に労働に励むような――そしてかつてはスコットランドの平和な農村がそうであったような――理想がそこにある。

しかし、そうした理想は、スコットランド本土で容易に実現できるわけではないこともミュアは自覚していた。ミュアは「産業社会に希望があるとすれば、同じような発展の道筋をたどることである。だが、そのような場合でも結果はオークニーの場合とはまったく違ったものになることは確実である」ともいっている。ただ、大事なことは、スコットランドが経済的に自立してイングランドに依存しないようになるためには、スコットランド人が自分たちが失いつつあるものを自覚し、自らのアイデンティティを守るための結束が必要である、とミュアは考えていた。

資本主義社会が標榜する「個人の自由」「市場の自由」が、本質的に人々を自由にするようなものではないこと、そして、その行く末を案じた警告を一九三〇年代の段階で発していたミュアの先見の明には驚かされるばかりである。そして、ミュアが求めていた「人々の目覚め」は、その世紀の終わり頃から次第に起こりはじめていた。

スコットランド議会の復活

スコットランドの自治回復へのアクションは、世界不況よりはるか以前の一八〇〇年代にすでに動き出していた。一八五三年に設立されたスコットランド人諸権利擁護協会は、スコットランドへ配分される予算の増額を目指し、そして、スコットランドの問題を独自に取り扱う担当官を行政の長とするように要請し、その三年後の一八八五年にはスコットランド省（Scottish Office）が設置された。一八八六年にはスコットランド自治協会が発足し、スコットランド自治法案が提案された。

一九二六年にはスコットランド担当官が国務大臣相当に引き上げられ、一九三九年にはスコットランド関係の諸部局がエディンバラに集中するようになり、スコットランドの行政上の地位は各段に向上したわけだが、しかし、それでもまだ不十分であった。スコットランドの国民感情としては、スコットランド人が選んだ議員がスコットランドのためにスコットランドで政策決定をするような自治的な議会と政府の発足を望んでいた（渡辺［２００１］）。

そうしたスコットランド人の願望は、次第に具体的な形をとっていった。それは、一九三四年のスコットランド国民党（Scottish National Party：以下ＳＮＰ）の結成である。スコットランド政界の愛国者たちによって結成されたこのＳＮＰは、もともとは地方政党であり、前身のスコットランド国家党（一九二八年発足）とスコットランド党（一九三二年発足）との統合によって成立したのだが、それが次第に国政において無視できない存在となってゆく。イギリス議会の政策をスコットランドの視点から批判しつづけ、第二次世界大戦時はダグラス・ヤング党首が反戦運動や徴兵拒否などを呼びかけたが、国政進出は遅々として進まず、一九七〇年代はじめまでようやく一議席を獲得できるかどうかであった。しかし、一九七四年に一一議席を獲得し、二〇二二年時点においては四七議席を保持し、イギリス議会においては三番目の勢力を誇るまでに成長した。

当初のSNPは、スコットランドの自治回復という政治的ポリシーは共有されてはいたが、イギリス政治という観点では右派も左派も含むものであった。しかし、一九〇〇年代後半、労働党との距離が近づき、そして、保守党との距離が遠のくこととなる。

前述の（社会主義者の）ミュアの論調をみればわかるように、一九〇〇年代前半のスコットランドは資本主義の荒波に飲み込まれて疲弊し、失業問題や格差問題が山積みであった。そうしたなか、労働者の待遇改善や、スコットランドとイングランドの格差是正を含意するような政策を唱える労働党とSNPは心理的距離も近かった。もちろん、だからといって労働党自体はスコットランドが独立するような分離主義の立場には立っておらず、むしろ、分離主義を抑制するように権限委譲をもってSNPやその支持者たちを懐柔しようとした節もある。

それを示すのが、一九七八年に成立したスコットランド法であり、住民投票で有権者の四〇パーセント以上の賛成をもって——「投票者」でなく「有権者」の四〇パーセント以上であることに注意——スコットランド議会が成立することを可とする旨がそこに明記された。しかし、翌一九七九年に行われた住民投票では投票率は有権者の半分を超えたが、それでも議会制定に賛同したのは有権者の四〇パーセントに届かなかった。これにはさまざまな要因が考えられるが、イングランドとの経済的連携の解消への不安、SNPと労働党との思惑の違いなどがあったと考えられる（SNPのなかには、権限委譲型の議会成立を認める代わりに、独立運動を放棄させられることへの懸念もあった）。

SNPと保守党についていえば、そこには常に緊張関係があったといえる。保守党は労働党以上に、分離主義には強く否定の姿勢をみせていた。一九八七年の保守党サッチャー内閣（第三次）成立後、スコットランド議会をもとめる圧力団体（the Campaign for a Scottish Assembly）はその翌年に「スコットランドのための権利の要求」を発表した。しかし、そうした動向に対抗すべく、サッチャー政権はその翌年の一九八九年、スコットランドに「コミュニティ・チャージ」という人頭税を導入するなどの強硬政策をもって臨み、保守党とスコットランド愛国者たちとの亀裂は決定的となった。スコットランドでは激しい抵抗運動がおき、スコットランド人は保守党に投票しなくなり、一九七九年に二二あった議席は一九九二年には一一議席にまで減少した（この一連の流れについては、渡辺［2001］を参照）。

こうしたスコットランド人の不満の高まりを察知した労働党は、選挙対策として対抗馬である保守党の勢力をそぎ落とそうと、そうした不満の受け皿となりながら、一九九五年にはSNPとの間で自治権回復の方向性で合意した。そして、従来の強固な社会主義路線を変更し、民営化と自由主義へと接近するアプローチのもとでスコットランドの独立的自治をある程度容認する姿勢をみせた。そして、一九九七年五月のイギリス議会総選挙で勝利した労働党は、エディンバラ生まれのトニー・ブレアを首相とする政権を誕生させ、そこから事態は一気に加速する。

一九九七年七月、ブレア政権はスコットランド議会設立に関する白書を発表し、その年の九月に議会開設に関するスコットランドの住民投票が行われ、ついに賛成が過半数に達した。そして、翌年のスコットランド法の制定を経て、一九九九年五月、およそ三世紀の時間を経て、ついにスコットランド議会が復活した。議会は一院制で（選挙は小選挙区制と比例代表制の併用）、任期は四年、教育、福祉、農林水産、文化等の権限が委譲された（ただし、憲法、外交、安全保障、財政はウエストミンスター議会の権限のもとにある）。ただしスコットランド自治政府の初代首相は労働党のドナルド・デュワーが務め、その後も労働党のヘンリー・マクリーシュ、ジャック・マコネールが務めるなど、SNPはなかなか労働党の議席を上回ることができず、自治政府の権限を掌握することはできなかった（さすがにスコットランド議会選挙においては、保守党よりも常に議席数は上回っていたが）。

しかし、二〇〇七年のスコットランド議会選挙でSNPはかろうじて一議席だけ労働党を上回る四七議席をようやく獲得し、SNP党首アレックス・サモンドがスコットランド首相に就任した。さらに、二〇一一年の選挙では単独過半数となる六九議席を獲得し、労働党の三七議席を上回る大勝となった。ここを機に発足したサモンド内閣（第二次）は二〇一二年、イギリス政府のキャメロン首相と住民投票の実施に同意し、二〇一四年九月、ついに念願の独立に関する住民投票が行われたが、独立不支持が五五パーセントを超えてしまい独立はならなかった。サモンドは責任をとる形で首相を辞任し、副首相のニコラ・スタージョンがSNP党首および首相の座を引き継いだ。その後の二〇一六年のスコットランド議会選挙ではSNPは第一党の座を守りつつも一二九議席中六三議席と議席を減らし、二〇二一年の選挙では――イギリス議会選挙との重複を避けるため、特例により二〇一六年から五年後に選挙を実施――六四議席に盛り返すも過半数を割りつづけるなど、政治的に微妙なバランスがいまだ続いている。

民族意識の復興

さて、二〇世紀前半から二一世紀前半にかけては、SNPの躍進や議会の成立など、スコットランドの自治再生の時代ともいえたが、そうした政治的ムーヴメントの背景には、スコットランド人の国民感情の高揚ともいうべきものがあった。

その象徴的な事件として、「運命の石」事件がある。それは一九五〇年のクリスマスの朝、スコットランドの民族主義者の大学生たちが、かのエドワード一世がスコットランドから奪った「運命の石」をウエストミンスター寺院から盗み出したというものであった。その石がみつかったのは、アーブロース宣言が出されたアーブロース修道院であり、この行為に対する評価は賛否両論ではあったものの、スコットランド国内においては自分たちの歴史の再生・復権を望む声が次第に高まっていった。その運命の石については、一九九六年、ついにイギリス首相ジョン・メイジャー（保守党）が、実に七〇〇年ぶりにスコットランドへの返却を決めた（この石は現在エディンバラ城にて保管・展示されている）。メイジャー政権のこうした措置は、サッチャー政権で失ったスコットランド人たちの信頼を回復し、また、返還の翌年一九九七年に開催されるイギリス議会選挙において、スコットランド国民からの投票を期待するがゆえの政治的判断であったのだろう。しかし、保守党もまたスコットランド議会の成立を半ば約束しており、この時期のスコットランドは、イギリス国政選挙の行方を左右するキャスティング・ボートを握っていたといえる。そのことも、スコットランド国民に、「自分たちは単なるイギリスの地方ではなく、きちんとモノを言えるネイションなのだ」という意識を醸成したのだろう。そしてその意識は、自分たちが失ったものを取り戻そうとするムーヴメントへとつながってゆく。

そうしたムーヴメントの行き着く先は、稀薄となったナショナル・アイデンティティの復権であるが、「言語」はそれを構成する最も主要なものであるため、そこにゲール語復興運動が生まれたのも半ば必然ともいえるものであった。

ゲール語抑圧のルーツは同君連合時の一六〇〇年代にまでさかのぼることができる。イングランド王ジェイムズ一世（スコットランド王ジェイムズ六世）統治下の一六一六年、教区の学校教育を国家管理のもとに置く学校創設法が制定されたが、その建前は、島嶼部やハイランドにおけるゲール語は野蛮さの元凶であるので、それを改善し、グレートブリテンを英語教育のもとで洗練された文化圏としようというものであった。もちろんこれは単なる文化啓蒙というのではなく、イングランド国教会の監督制を確立しようという——そして教区の学校には司教をおいて管理しようとする——政治的思惑ゆえであったが、これ以降、ハイランドのゲール語は「野蛮な言葉」といったイメージが広まり、また、ジャコバイトの乱などもあり、それは、「革命分子たちがそれによって悪巧みを行う言語」といった偏見が広まった。とはいえ、ジャコバイトの乱以降も、法的にゲール語の一律禁止が行われたわけではないが、グレートブリテン化してイングランドやローランドとの経済的交流も増加し、ハイランドをでて仕事をする若者も増えてきたため、学校では英語教育が普及し、ゲール語の話者は次第に減少していった。実際、一八九一年には、スコットランド総人口の約七パーセント程度（およそ二五万四〇〇〇人）にまでゲール語話者は減少していた。

それが時を経るなかで、SNPの躍進や、スコットランド議会の復活、独立住民投票などと連動し、「自分たちの言語を取り戻そう」というムーヴメントが高揚する。反スコットランド政策を行い、自由市場主義のもとでの格差を生み出すサッチャリズムのもと、イングランドをあてにしない自分たちの文化圏・経済圏を求める風潮のなかで、一九八〇年に制定されたスコットランドの教育法は、ゲール語使用地域におけるゲール語教育の充実を図るものであった。

しかし、それでもゲール語の使用機会はなかなか増えず、それゆえ学習を望む声も高まらないまま、二〇〇一年にはゲール語話者はスコットランド総人口の一・二パーセント（約五万九〇〇〇人）にまで減少してしまう（佐藤［2014］を参照）。

こうした状況のなか、二〇〇五年には「ゲール語法案」がスコットランド議会において満場一致で可決され、「ボー・ナ・ガーリック」という公共団体によるゲール語普及活動がなされるようになった。その理念は、イングリッシュ（英語）と同様に尊重されるべき言語として、ゲール語の地位を高めるというものであったが、単なる学校機関のみの改革であれば、いずれは自由市場とグローバル化の波に飲み込まれ、使用が不必要な言語としていつか消えてしまう。そこで、ボー・ナ・ガーリックは、政府や企業との連携のもと、ゲール語話者にとって経済的に不利な状況を社会的に改善しようとする。小学校からのゲール語授業の導入の実践から、ゲール語をベースとしたメディアやツーリズムといったアクティヴィティまでその活動は広範囲に及んでいる。

その結果、減少率は緩やかとなり、そして、若年層のゲール語話者は次第に増加傾向にある。二〇一一年の国勢調査によると、かつて話者が多かったハイランドでは、場所によってはゲール語を話せる人は住民の一割程度存在するが、アウターヘブリディーズにおいてはその数は五割を超え、日常生活でも使用されている（筆者も、アウターヘブリディーズのルイス島のパブに行ったとき、ゲール語で会話する地元住民と出会ったことがある）。

現代の政治的課題

さて、イギリス議会庶民院（下院）の議席数は六五〇であり、イングランドの議席数五三三に対し、スコットランドの議席数は五九である（ウェールズ四〇、北アイルランド一八）。人口比からみるとそこまで不当な配分とはいえないだろうが、二〇二二年直近の同院における主要政党ごとの議席数は、保守党三六五、労働党二〇二、SNP四七となっている。つまりは、ロンドンのウエストミンスターでの意思決定がスコットランド議会多数派のSNPとそれを支援する多くのスコットランド人の思惑とずれていることもあり、スコットランド側がそれを是正すべく今後も何らかのアクションを起こすことは十分にありうる。

現在のスコットランド政府首相のニコラ・スタージョンは、二〇一四年にイギリス残留が決まったスコットランド独立住民投票について再度行うとの旨を述べているが、しかしイギリスのジョンソン首相は「少なくとも二〇五〇年までは実施すべきではない」と主張している。もちろん、通常であればイギリス政府側の言い分はもっともであるが、ここには少し特殊な事情が介在している。

二〇一四年の独立住民投票時においてはイギリスはいまだ欧州連合（EU）に留まっていたが、二〇二〇年一月末日に離脱してしまったのである。離脱に関してはイギリス全土で国民投票が行われたが、約五二パーセントが離脱支持で、約四八パーセントが残留希望という僅差《きんさ》であった。しかも、スコットランドでは離脱支持は三八パーセント程度であり、残留希望が六二パーセントを超えていたにもかかわらず、である。このように、イギリスがEUを離脱するという事態への懸念、そして、そうした重大な決断に関して、スコットランドの意向がスコットランドに反映されないことへの失望感が「再度の住民投票を行って然るべきだ」という風潮を形成したともいえる。

とはいえ、スコットランドが独立した場合の課題は、通貨、国防、財政と山積みである。現在、イギリスの他地域と同様に通貨はポンドを使用しているし、独立賛成派は独立後もポンドを使用したいが、それをイギリス政府が無条件で許すとは到底思えない。独立の際にすぐにEUに加盟できればユーロが使用できるが、そのためには審査のハードルをクリアしなければならない（EUも財政難のために、今後の財政状況が不透明な独立国をすぐに加盟させるのには慎重になるだろう）。手っ取り早く独自通貨を発行したとしても、信用格付けが低ければ経済規模は縮小し、海外からの輸入品目の実質価格がこれまで以上に高くなり市民生活に影響がでるであろうし、海外からスコットランドへの投資もしばらくは低調気味となり、国内経済は不安定になるだろう。国防面でもスケールメリットの点で手薄になってしまう。

財源上、頼みの綱であり、しかも現在スコットランドにその利益が還元されていないといわれる北海油田は本件における鍵ともいえるものである。もともとは、中東情勢の懸念から、安定的な石油の需要に今後も対応してゆくため、一九六〇年代から開発され、一九七〇年代から採掘が本格化した油田（オイル・ガス田群）であり、今ではイギリス全土を支えるなくてはならない油田である。もしスコットランドがこれを手に入れられるとすれば（場所的にはスコットランドの海域であるので）、現在のイギリス全体よりもかなり豊かになることが予想されるが、当然イギリス政府がそれをみすみす許すはずもなく（油田開発のリスクやコストを請け負ったのはスコットランドだけではないので）、その利益をどのように配分・還元するかについてもトラブルが予想される。

さらにいえば、その北海油田がいつ枯渇するかわからないという状況も、二〇一四年のスコットランド独立住民投票にて、本来は独立を選好していながらもイギリス残留派へと多くの人が流れて独立が成立しなかった要因の一つとみられる。

しかし、スコットランドが、EUとの間にある関税障壁で今後期待するような売り上げが阻《はば》まれるとすれば、隣国アイルランドなどのように独立して、イギリスとではなくEUと長く付き合っていこうとしたり、かつてのようにアメリカを主要な輸出先として開拓したりするという手もある。また、スコットランドの産業構造自体は第一次・第二次・第三次のバランスがとれており特定の産業に偏っていないので、ある程度の域内経済循環が可能ともいわれており（『商工総研』平成二七年度報告書）、このことも、イングランドにもはや依存することのない自立した経済立国へのヴィジョンを独立派に描かせている。

どういったヴィジョンをもち、手持ちのカードをどのように活かすかという戦略的判断は、今後イギリスに残るにしても離脱するにしても必要となるわけで、かつての一七～一八世紀と事情は異なれど、相も変わらず、スコットランドというネイションは選択的決断を迫られている状況といえよう。しかし、そうした状況こそが、まさに、決して消し去ることのできない形で「スコットランド」というものが現在もそこにありつづけていることを示しているのではないだろうか。

Column　すたれゆく地方

これまでスコットランドの歴史と社会の変化をみてきたが、イングランド化してゆくスコットランドに懸念を表明したエドウィン・ミュアの社会批評を参考にしつつ、現代の我々にも通じるような社会的分断とそれに対する大衆の無関心、そして、それに伴う文化的衰退とアイデンティティの消滅という事態について考えてみよう。

現代社会においては経済グローバリズムの擡頭もあり、地方はそれに迎合する形で生き残ろうとするが、その一方、文化的衰退が生じているといえる。もっとも、ミュアの時代とは異なり、現代では観光業や流通業が盛んとなって、インスタグラムなどSNSでのスペシャルな体験が発信されやすいという点では、地方の特色やアイデンティティはかろうじて保たれているようにもみえる。

たしかに、観光地として機能している限りは、その地域は「○○らしさ」を保つことができるが、不況やパンデミックなどの突発的なアクシデントのもとではそれを維持することは困難であるし、そうでなくとも、表面上は単に演じるだけのものとなり、文化の根幹にある「言語」「思想」「習慣」は失われ、取り戻すことができなくなってしまうだろう。

そもそも、地方文化や方言の魅力はいくらテレビや雑誌といったメディアで取りあげられているからといって、実際にそれを公の場で堂々と駆使してプレゼンや仕事をしている人はどれだけいるのであろうか。関西人の関西弁はキャラクターアピールとしてある意味では公認されているようではあるが、長崎弁や高知弁、青森弁や山形弁で普通にビジネスの話をしたり、学生プレゼン大会で活躍しているというのはほとんど見かけない。どこかで、「公の場で語るならば、誰にでもわかる言葉で話すべきだ」という価値観に多くの人がとらわれているようであるが、しかし、その「誰にでもわかる」というのが東京（あるいは札幌など）といった大都市圏の「標準語」であり、そしてこれからもそうでありつづける限り、地方の人々が言葉や習慣を調整するためのコストを担うという構造はそのままである。

こうした、都市部中心の価値観を背景に、大都市圏へ進学・就職する地方出身者、そして、大都市圏とビジネスをする地方企業は、いずれもそのコストを知らないうちに支払いつつ、地元の言葉を抑圧する形で活動を強いられているわけである。その歴史が重ねられてゆくことで、地方であることのスティグマ（烙印《らくいん》）はさらに刻みつづけられる。

こうして地方の人々は、自分たちの生まれや育ちにひけめを感じつつ、広くグローバルに活躍する人材であろうと、理想化された「洗練されたオトナ」になろうとする。日本全体でいえば、かつてのスコットランドにおいてそうであったように、「英語が話せて世界で活躍できる人材」を理想とし、そして、政府・自治体もそれを強烈に後押しする。この結果が、地方言語で生活する人、日本国内だけで生きてゆく人をどこかで「かわいそう」とみなすような、なんちゃって都会人やなんちゃってグローバル人材の増加である。そして、こうした人たちが経済強者となり、その標準化が重ねられてゆくことで、ますます、地方のアイデンティティは稀薄なものとなってゆく。

ミュアはスコットランド人の猪突猛進さが逆にスコットランド人らしさを失わせ、それなりの教養をもっている人たちがみなイングランド化しつつあることに言及していたが、これは多くの日本人にもあてはまるのではないだろうか。「公のためには自身のこだわりを捨てるべきだ」という社会的価値を推奨する日本人にとっては、柔軟になること、そして、そのための努力を惜しまないということはある種の美徳とされているといってよい（ゆえに、自身のスタイルにこだわる人は「頑固」とラベリングされ、みんなの輪を乱す人は「自分勝手」と非難される）。学校教育においても、この美徳に準じる形で「わがままな振る舞いをしてはいけない」「先生が言うことには素直に従うべきだ」という教訓がまかりとおっている。教育方針としてはもちろんそれは構わないのであるが、学校の外でもそうした美徳があちらこちらで幅をきかせているがゆえに、人々は「みんながやっているようにしなければ」と合わせることに執着し、その結果が、グローバル経済のもとでの地元のアイデンティティの放棄、そして、理想化された「都会人」との一体化といった現象となっている。

こうした事態を打破するためには、（スコットランドのゲール語教育のような）初等教育時での地元密着型教育プログラムや、域内経済の活性化、地方言語活用の場の増設や、企業内における地方言語使用の推奨、といったものが考えられるが、しかし、日本の現状はその逆方向へと進んでいる。英語教育の低年齢化や、企業における英語使用の義務化などはその象徴であろう。昨今、日本国内の大学でさえも就職予備校化しつつあり、文部科学省の指導のもと一層の画一化の途をたどっているが、大学での文化論や歴史などの講義・演習、それに書籍などを通じ、それとは異なる生き方の可能性や文化的多様性の魅力を示すことこそ、我々教員や研究者ができる――そして「なすべき」――抵抗であるようにも思われる。

おわりに

本書ではスコットランドの歴史を俯瞰《ふかん》しながら、政治・宗教・文化といった多角的観点からそのナショナル・アイデンティティを浮き彫りにしてきたが、このアイデンティティという概念とその多義性について少しここで補足的に説明しておこう。

英語圏ではない日本で暮らす人であっても、「アイデンティティ」という言葉をどこかで耳にしたことはあるだろう。その多くが、「アイデンティティとは大事なものである」というニュアンスをもつものであり、自己のものであれ他者のものであれ、アイデンティティは尊重するべきものという理解はおよそ共通しているように思われる。

しかし、あらためて「アイデンティティとは何か?」と問うてみると、それは一言で言い表すことが難しいということがわかる。ときにそれは「出自」やそこにまつわる価値観のように思われがちであるが（「日本で暮らす外国人のアイデンティティも尊重しましょう」など）、出自とは無関係のアイデンティティもたくさんある。それに、一個人であっても、そのアイデンティティは一面的なものとは限らない。アイデンティティは「そのひと性」ともいうべきものであって単独的であるのだが、その人のその単独的なあり方はいくつもの面をもっていて、一つの面だけで語りつくせないこともある。

加えていうならば、ある個人であっても、そのアイデンティティが個人面で語られる文脈と、文化的集団の一員として語られる文脈とで異なることもある。つまり、個人的アイデンティティが「自身がまさに自分自身でありそれ以外にはないという自己同一性意識」であるとすれば、集団的アイデンティティは「連続性をもったある文化的集団の一員たる同一性意識」というものであり、これが一致しているケースもあれば、食い違っているケースもある。ゆえに、集団的アイデンティティばかりに着目してある人に接していると、「その人がその人であること」を見過ごしてしまうこともある。たとえば、アメリカで生まれ、日本で暮らしている人に対し、「あなたのアイデンティティはアメリカ？　日本？　本当はどっち？」と聞いても無意味だし、それはむしろその人のアイデンティティを直視しようとしていないということにもなりかねない。

とはいえ、あらゆる文化や思想と無関係なまま中立的に存在する個人（自由人）というのもまた幻想ということである。「旧来の文化にとらわれない」というある意味ニュートラルな態度でさえ、「リベラル」という自由主義的な文化的価値観にもとづくものといえる。つまりは、個人は、社会・共同体のもとで生まれ育つ以上、そこではなんらかの文化的影響を受けざるをえない（アメリカの政治哲学者マイケル・サンデルが「負荷なき自己など存在しない」と主張するように）。個々人が自由人として思考し選択的判断をしているとしても、それらを可能にする枠組みには多かれ少なかれ「文化」というものがかかわっている。「自由」「個人」に輝くものをみいだすあまり、その背後にある文化を軽く考えることは、他者との間での相互理解を助けるどころかそれを阻むものとなりかねないし、自身の行動や選択を問い直すときにもまた、自身がよってたつところの文化に対する批判的吟味が必要となることもあるだろう。

では、その「文化」とはなんであろうか。誤解されがちだが、文化とは、単にその人（たち）が大事にしているもの、ではない。そうではなく、そのように大事にしているものを「大事なものだ」と認識する思考・価値観の枠組みのことであり、つまりそれは、「ある社会集団において継承されている、そこでの行動、価値観、思考を規定するような様式の体系」のことなのである。

これを踏まえれば、あるイシュー（問題）では別の立場をとっていても、同じ文化的集団に属することは十分ありうることはわかるだろう。たとえば、スコットランドにはいろいろなスコットランド人がいて、ナショナリズムに溺れている人であろうが、ナショナリズムに反対する人（あるいはイングランドと離れたくない人）であろうがともにスコットランド人としての文化的アイデンティティを有していることだってある。そこで暮らすことを自分自身で決めて、そこで育まれてきた生活リズムや習慣などに溶け込み、そこで自分なりにいろいろな仕事や趣味、友人づくりをし、選挙権をどう行使するか決断したり、あるいは悩んだりする人たちそれぞれが、同じ文化的アイデンティティを有した、しかし、個々人それぞれが異なる個人的アイデンティティも有した自由で自律的な人間であるのだ（ほかにも、個々人は、それぞれの宗教的アイデンティティやジェンダー・アイデンティティ、職業的アイデンティティによっても構成されていることだろう）。

同じ国民であり、そして同じ文化的アイデンティティを共有する人たちが同じ環境にいたとしても、立ち位置が異なり、個々人それぞれのアイデンティティをもったものである以上、意見が異なり、選択が異なるケースは当然でてくる。本書でも、ある時期のスコットランドにおいて、イングランドに親和的である人たちとそうでない人たちとの対立、あるいは、「イギリス」に留まる方を選好する人たちと「イギリス」から離脱すべきだと考える人たちとの対比を繰り返し紹介してきたが、彼らはそれぞれ個別のアイデンティティをもっているからこそ意見が割れているとはいえ、しかしいずれもスコットランド人として（つまりナショナル・アイデンティティをもって）スコットランドの良き未来を選択しようとしていたのである。誰もが真剣に考え、選択し、生きている。それに対し、「そんな考え方をする以上、スコットランド人とはいえない」と誰がいうことができるだろうか。

このことは重要ではあるにもかかわらず、常に忘れられがちなことである。日本でも、異なる政治的意見に対し「そんな考え方をするなんて日本人失格だ」と言い放ったり、非国民であるかのようなレッテルを貼ったりするケースがある。もちろん気持ちはわからなくもない。自身が一生懸命、真摯に考えた末での結論を真っ向から否定するような意見を耳にすれば、そんな相手に対し「一生懸命考えていないのか？」とか「日本のことをどうでもいいと思っているのか？」という気になるのもわかる。しかし、相手も自身と同様に一生懸命考えた末でのことかもしれないのだ。そんななかで、「どちらかは日本人として偽物だ」などと揶揄するような排他的なアイデンティティの捉え方は健全といえるだろうか。何が適正であるかについての議論・討論は必要になるかもしれないし、そこで片が付かないときは何らかの政治的意思決定でいずれかの意向が却下されることもあるだろう。それらさまざまな意見が政治的意思決定のなかでぶつかり、ときに固執し、ときに変化してゆく、そのうねりのなかにも文化的アイデンティティやナショナル・アイデンティティは存在しうるのではないだろうか。

集団心理ともなりがちなナショナル・アイデンティティの是非や功罪についてはここでは問うまい。しかし、ナショナル・アイデンティティが尊重されるべきものという前提に立ったとしても、意見の異なる隣人を排除しようとするそのスタンスについては、それは決して健全なものとはいえないだろう。一つの意見のみでこれまでうまくやってきたネイションなどは存在しないし、今現在いろいろな意見がぶつかりあっているそこにさえ、ネイションとしての意識は存立しうる。このことは、本書で紹介してきたスコットランドの山あり谷ありの歴史、そして今現在をみれば明らかであろう。そして、さまざまな選択肢が並ぶなかで岐路に立たされているのはスコットランドだけではなく、日本という国もそうである。とするならば、「日本」というナショナル・アイデンティティや文化的アイデンティティを共有する者同士がどうあるべきかは、おのずとみえてくるのではないだろうか。

こうした想いのなか、スコットランドについて研究してきた著者が記したのが本書である。本書の内容は、一〇年以上の文献調査や学会活動に加え、実際にスコットランドへ繰り返し足を運びながら現地の人々と交流した経験に基づくものである。それが大学での講義やゼミ生たちへの指導のなかで次第に整理されてゆき、こうしてようやく形となった。これまでかかわってきた多くの方々にここでお礼を述べたい。ありがとうございました。

それと、刊行にあたっては、中央公論新社の皆様、とりわけ編集担当の小野一雄氏には多大なご助力をいただいた。未熟で粗削りな本稿を磨きあげ、世に出せるレベルにまで仕上げてくださったことに深謝申し上げます。また、同僚でありジャーナリストの江川紹子先生には、小野氏との縁をつないでいただくことで、私のスコットランド研究が日の目をみる機会をいただいた。貴重な機会を与えてくださったことに心よりお礼申し上げます。

Glasgow: Blackie.
松下みゆき［2000］「近代スコットランドの教育制度に関する一考察――19世紀における教区学校制度の変容」『人間文化学研究集録』9号，28～40頁.
森護［1988］『スコットランド王国史話』大修館書店.
Muir, E.［1935］*Scottish Journey*, Edinburgh and London: Mainstream Publishing.　エドウィン・ミュア著／橋本槇矩訳［2007］『スコットランド紀行』岩波文庫.
中村隆文［2007］「自然法思想におけるモラル・センスの位置付け」，日本法哲学会編『法哲学年報2006』229～242頁.
中村隆文［2021］『スコッチウイスキーの薫香をたどって――琥珀色の向こう側にあるスコットランド』晃洋書房.
佐藤千津［2014］「イギリスのゲール語の維持・継承と教育システムの再構築――スコットランドにおける政策論議を中心に」『国際教育』20号，17～30頁.
商工総研［2015］「英国中小企業の地域経済構造――地域活性化政策の対象としての特性の分析」『商工総合研究所　平成27年度調査研究事業報告書』.
Smart, R. N.［1974］"Some Observations on the Province of the Scottish Universities 1560-1950" in G. W. S. Barrow ed., *The Scottish Tradition: Essays in honour of R. G. Cant*, Edinburgh: Scottish Academic Press, pp. 91-106.
Smout, T. C.［1986］*A Century of the Scottish People 1830-1950*, revised edition, New York: Fontana Press.
スマウト，T. C. 著／木村政俊監訳［2010］『スコットランド国民の歴史 1560-1830』原書房.
高橋哲雄［2004］『スコットランド　歴史を歩く』岩波新書.
田中秀夫［2007］「第三代アーガイル公爵のハイランド経済改革」『經濟論叢』180巻2号，171～188頁.
渡辺有二［2001］「スコットランド議会と政治変革」『総合政策論叢』1号，41～60頁.
マックス・ヴェーバー著／大塚久雄訳［1989］『プロテスタンティズムの倫理と資本主義の精神』岩波文庫.
Withers, C. W. J.［1984］*Gaelic In Scotland: 1698-1981*, Edinburgh: John Donald Publishers.

参考文献

Buchan, J. & Smith, G. A.［1969］*The Kirk in Scotland, 1560-1929*, New York: Hodder & Scribner's Sons.

Burns, Robert［1786-93］(1993) *Robert Burns Selected Poems,* London: Penguin Classics.　ロバート・バーンズ著／ロバート・バーンズ研究会編訳［2009］『増補改訂版 ロバート・バーンズ詩集』国文社.

キャンブル, R. H.［1998］第七章「ヴィクトリア時代の変容」, ロザリンド・ミチスン編／富田理恵・家入葉子訳『スコットランド史——その意義と可能性』未來社, 168～186頁.

Corning, C.［2006］*The Celtic and Roman Traditions: Conflict and Consensus in the Early Medieval Church*, London: Palgrave Macmillan.

ディヴァイン, T. M.［1998］第六章「工業化と都市化の進む社会—— 1780-1840年」, ロザリンド・ミチスン編／富田理恵・家入葉子訳『スコットランド史——その意義と可能性』未來社, 153～167頁.

Duncan, A. A. M.［1997］"The Making of the Kingdom," in Rosalind Mitchison ed., *Why Scottish History Matters*, revised edition, Edinburgh: The Saltire Society.

Duncan, A. A. M.［2016］*The Kingship of the Scots, 842-1292*, Edinburgh: Edinburgh University Press.

秦修司［1993］「英国におけるフットボールの歴史に関する研究（5）」『金沢大学教育学部紀要（教育科学編）』42号, 185～196頁.

Humes, W. M. & Paterson, H. M.［1983］*Scottish Culture and Scottish Education: 1800-1980*, Edinburgh: John Donald Publishers, pp. 76-77.

石前禎幸［1999］「スコットランド法の独自性について」『法律論叢』72巻2・3号, 297～301頁.

Johnson, S.［1755］*A Dictionary of the English Language*.

川原和子［1991］「スコットランド啓蒙期の主要学・協会, クラブについて——付・関連刊本及び MSS. リスト」『経済資料研究』24号, 1～68頁.

木村正俊編著［2015］『スコットランドを知るための 65章』明石書店.

木村正俊［2021］『ケルト全史』東京堂出版.

木村正俊［2021］『スコットランド通史——政治・社会・文化』原書房.

木村正俊・照山顕人編［2008］『ロバート・バーンズ——スコットランドの国民詩人』晶文社.

北政巳［2002］「スコットランド宗教改革からイギリス名誉革命への歴史—— J. ノックスと教会・国家変革思想」『創価大学比較文化研究』19・20巻, 85～104頁.

小林照夫［2011］『近代スコットランドの社会と風土——〈スコティッシュネス〉と〈ブリティッシュネス〉の間で』春風社.

Lythe, S. G. E. & Butt, J.［1975］*An Economic History of Scotland, 1100-1939,*

人名索引

人名索引

同名の王が存在する場合はスコットランド王に〔S〕，イングランド王に〔E〕を付した．

中村隆文（なかむら・たかふみ）

1974年（昭和49年），長崎県に生まれる．千葉大学大学院社会文化科学研究科博士課程修了．博士（文学）．鹿児島工業高等専門学校専任講師，釧路公立大学准教授などを経て，現在，神奈川大学国際日本学部日本文化学科教授．専門は，英米哲学，リベラリズム，比較思想．
著書『不合理性の哲学』（みすず書房，2015年）
『カラスと亀と死刑囚』（ナカニシヤ出版，2016年）
『自信過剰な私たち』（ナカニシヤ出版，2017年）
『「正しさ」の理由』（ナカニシヤ出版，2018年）
『リベラリズムの系譜学』（みすず書房，2019年）
『世界がわかる比較思想史入門』（ちくま新書，2021年）
『スコッチウイスキーの薫香をたどって』（晃洋書房，2021年）
『組織マネジメントの社会哲学』（ナカニシヤ出版，2022年）

物語《ものがたり》 スコットランドの歴史《れきし》
中公新書 *2696*

2022年 5 月25日発行

著　者　中村隆文
発行者　松田陽三

本文印刷　暁印刷
カバー印刷　大熊整美堂
製　本　小泉製本

発行所　中央公論新社
〒100-8152
東京都千代田区大手町 1-7-1
電話　販売 03-5299-1730
　　　編集 03-5299-1830
URL https://www.chuko.co.jp/

Published by CHUOKORON-SHINSHA, INC.
Printed in Japan　ISBN978-4-12-102696-5 C1222

中公新書刊行のことば

いまからちょうど五世紀まえ、グーテンベルクが近代印刷術を発明したとき、書物の大量生産は潜在的可能性を獲得し、いまからちょうど一世紀まえ、世界のおもな文明国で義務教育制度が採用されたとき、書物の大量需要の潜在性が形成された。この二つの潜在性がはげしく現実化したのが現代である。

いまや、書物によって視野を拡大し、変りゆく世界に豊かに対応しようとする強い要求を私たちは抑えることができない。この要求にこたえる義務を、今日の書物は背負っている。だが、その義務は、たんに専門的知識の通俗化をはかることによって果たされるものでもなく、通俗的好奇心にうったえて、いたずらに発行部数の巨大さを誇ることによって果たされるものでもない。現代を真摯に生きようとする読者に、真に知るに価いする知識だけを選びだして提供すること、これが中公新書の最大の目標である。

私たちは、知識として錯覚しているものによってしばしば動かされ、裏切られる。私たちは、作為によってあたえられた知識のうえに生きることがあまりに多く、ゆるぎない事実を通して思索することがあまりにすくない。中公新書が、その一貫した特色として自らに課すものは、この事実のみの持つ無条件の説得力を発揮させることである。現代にあらたな意味を投げかけるべく待機している過去の歴史的事実もまた、中公新書によって数多く発掘されるであろう。

中公新書は、現代を自らの眼で見つめようとする、逞しい知的な読者の活力となることを欲している。

一九六二年一一月

中公新書 RC 1886

世界史

- 2683 人類の起源 篠田謙一
- 1353 物語 中国の歴史 寺田隆信
- 2392 中国の論理 岡本隆司
- 7 宦官《かんがん》(改版) 三田村泰助
- 15 科挙《かきょ》 宮崎市定
- 12 史記 貝塚茂樹
- 2099 三国志 渡邉義浩
- 2669 古代中国の24時間 柿沼陽平
- 2303 殷—中国史最古の王朝 落合淳思
- 2396 周—理想化された古代王朝 佐藤信弥
- 2542 漢帝国—400年の興亡 渡邉義浩
- 2667 南北朝時代—五胡十六国から隋の統一まで 会田大輔
- 1812 西太后《せいたいこう》 加藤徹
- 2030 上海 榎本泰子
- 1144 台湾 伊藤潔

- 2581 台湾の歴史と文化 大東和重
- 925 物語 韓国史 金両基
- 1367 物語 フィリピンの歴史 鈴木静夫
- 1372 物語 ヴェトナムの歴史 小倉貞男
- 2208 物語 シンガポールの歴史 岩崎育夫
- 1913 物語 タイの歴史 柿崎一郎
- 2249 物語 ビルマの歴史 根本敬
- 1551 海の帝国 白石隆
- 2518 オスマン帝国 小笠原弘幸
- 2323 文明の誕生 小林登志子
- 2523 古代オリエントの神々 小林登志子
- 1818 シュメル—人類最古の文明 小林登志子
- 1977 シュメル神話の世界 岡田明子 小林登志子
- 2613 古代メソポタミア全史 小林登志子
- 2661 アケメネス朝ペルシア—史上初の世界帝国 阿部拓児
- 1594 物語 中東の歴史 牟田口義郎
- 2496 物語 アラビアの歴史 蔀勇造

- 1931 物語 イスラエルの歴史 高橋正男
- 2067 物語 エルサレムの歴史 笈川博一
- 2205 聖書考古学 長谷川修一
- 2647 高地文明 山本紀夫
- 2253 禁欲のヨーロッパ 佐藤彰一
- 2409 贖罪のヨーロッパ 佐藤彰一
- 2467 剣と清貧のヨーロッパ 佐藤彰一
- 2516 宣教のヨーロッパ 佐藤彰一
- 2567 歴史探究のヨーロッパ 佐藤彰一

中公新書

世界史